ARREGLA TU VIDA CON
Grafología

ARREGLA TU VIDA CON

Grafología

ESCRIBE PARA LOGRAR LO QUE QUIERES

MARYFER CENTENO

AGUILAR

Arregla tu vida con grafología
Escribe para lograr lo que quieres

Primera edición: marzo, 2019

D. R. © 2018, Fernanda Centeno

D. R. © 2019, derechos de edición mundiales en lengua castellana:
Penguin Random House Grupo Editorial, S. A. de C. V.
Blvd. Miguel de Cervantes Saavedra núm. 301, 1er piso,
colonia Granada, delegación Miguel Hidalgo, C. P. 11520,
Ciudad de México

www.megustaleer.mx

D. R. © Ramón Navarro, por el diseño de cubierta
D. R. © Mariana Alfaro, por el diseño de interiores
D. R. © Céline Ramos, por las ilustraciones de interiores
D. R. © Pedro Montiel, por la fotografía de la autora

ISBN: 978-607-317-688-0

Impreso en Estados Unidos - *Printed in USA*

Penguin
Random House
Grupo Editorial

DEDICATORIA

A mi esposo, mi amor, el amor de mi vida. Te amo Carlos, tienes la capacidad de iluminarme cada vez que me miras.

A mis papás, Mari Carmen Muñoz y Miguel Ángel Centeno, porque puedo contarles siempre cada paso y cada miedo, por ser los mejores papás del mundo, por abrazarme cuando necesito sentirme protegida y por darme alas.

A mamá Carmelita, por ser bonita y buena, de los pies al alma.

A mis hermanos en orden de aparición: Montserrat, Miguel Ángel y Jorge Alfonso, por ser mis super héroes, por decirme quién soy cada que los veo.

A mis amigas, hermanas de vida: Karen, Janet y Roxana, por estar siempre, por no soltarnos nunca.

A mis editores, David García, Andrea Salcedo y César Ramos, por darle vida a los sueños.

A Carla Estrada, por ser ejemplo en todos los sentidos.

A Reynaldo López, por confiar en mí y por la amistad.

A Magda Rodríguez, por las aventuras y todos esos torbellinos de emociones.

A Víctor Trujillo, Fer Coca y Paty Vella; Ingrid Brans, Leopoldo de la Rosa, Marissa Rivera y Marycarmen Morfín: porque pensarlos es encontrar el tiempo para ser feliz.

A Nino Canún y Mónica Alcaraz, por tanto, por todo.

A mis suegros, por compartir mi amor por los animales y por el apoyo incondicional.

A los Aguirre Polanco, Erick y Gaby, Jackie, Andross, Fernando Pascual y Anita, por tantos recuerdos, caminos recorridos y por el placer de coincidir.

A mi abuelo Alfonso Centeno, por cuidarme desde el cielo. A mi abuelita por ser siempre feliz.

A tío Memo, Natalia y Memito, son mi corazón.

A Gus Rodríguez, que tiene la palabra precisa, el corazón más amoroso y quien ha caminado conmigo.

A Glenda Reyna, tú sabes de amor, somos espejo.

A mi bebé, mi Yorkito, él tiene la capacidad de enseñarme el mundo con sus ojos, por hacerme mejor persona y hacerme creer en todos los milagros.

A todos mis amigos, porque los agradecimientos son ingratos, siempre se olvida alguien muy importante.

A mis muchachos en Grafocafé, a mis alumnos y colegas en el Colegio.

A Paty y a Manuel, a Pilu.

A Zyanya mi ahijada

A mis amigos de Ya párate, que han hecho magia en mí.

A Eduardo Calixto.

A Hernán Fraga: gracias siempre por tu amistad, tu ejemplo y tu generosidad.

A Joaquín Meza: amigo y espejo

A Gil Barrera: por tanto y por todo.

A Francisco G. Mendoza: porque nos miras desde el cielo, donde ahora estás

A ti por leerme, por darme tu mano: ¡Cuenta con la mía!

ÍNDICE

2. ¿QUIÉN QUIERES SER?

3. HISTORIAS Y EJERCICIOS DE REINVENCIÓN

PRÓLOGO
Fernando Coca

¿Qué pienso de mí?, ¿cómo me ven los demás?, ¿me quiero lo suficiente? Pero, sobre todo, ¿quién soy? Esa es quizá una de las preguntas que todos, en algún momento de nuestra vida, nos hacemos al mirarnos en el espejo. Tal vez, esa pregunta fue motivada por algún comentario hiriente que nos confrontó con nuestra existencia.

Esa mirada en el espejo puede llevar a algunos hacia una conclusión terrible: no se gustan. Otros, con mayor autoestima, fácilmente desechan los comentarios y tildan las críticas de "buena fe": maledicencias provocadas por la envidia.

Sin embargo, algunos más reparamos en cada una de esas palabras... precisamente para ti es este libro de María Fernanda Centeno: *Arregla tu vida con grafología*.

Este libro te lleva de la mano para encontrar a tu otro Yo, aquel que siempre te acompaña sin que te des cuenta. Te ayuda a reconstruirte y a reinventarte sin perder la esencia de lo que eres.

En este tiempo, hoy más que nunca, nuestra imagen es muy importante, y para modificarnos o reinventarnos, es necesario que sepamos en dónde, por qué y para qué buscamos esa renovación.

Recordemos que la grafología es la técnica que nos explica las características psicológicas de las personas por medio de la forma y los rasgos de la escritura.

Tu firma, tus dibujos y tus letras te dirán lo que sí y lo que no te gusta de ti. También encontrarás lo que quieres cambiar y lo que deseas mantener como rasgo distinguido de tu personalidad.

En cada página de este libro encontrarás ejercicios que te darán luces para iluminar tu camino; sabrás a dónde ir para sentirte física y mentalmente en armonía, tal cual eres.

Sé que después de leer esta tercera entrega de María Fernanda Centeno, encontrarás una respuesta satisfactoria a tu pregunta: ¿Quién soy? Pero además estarás listo para preguntarte: ¿Quién quiero ser?

Recordemos una cosa importante, el poder del cambio lo tienes tú. Este libro es una herramienta para esculpir tu mejor obra: tú mismo.

INTRODUCCIÓN

Amig@ querid@:

Cuando David, mi editor, me propuso escribir un libro sobre ejercicios de personalidad, no lo esperaba, me tomó por sorpresa: tengo tantas dudas, miedos y angustias por vencer.

Tanto *Grafomaniatics* como *Grafología en el amor*, reflejaron dos etapas en mi vida: *Grafomaniatics* reveló a la mujer que se enfrenta al mundo por primera vez y todo la toma por sorpresa. *Grafología en el amor*, es la voz de la recién casada que descubre que una relación es mucho más que amor. Ahora, con *Arregla tu vida con grafología* te presento –y te invito– a una reinvención, te confieso una catarsis profunda que encierra todas las emociones humanas, debo decirte, querido lector, que estoy en ese momento donde ¡o me reinvento o me muero!

La primera parte de este libro es para que te conozcas, ubiques tus conflictos y dolencias; la segunda es para que juntos arreglemos nuestro corazón, nuestra alma y también para ¡escribir un nuevo futuro!

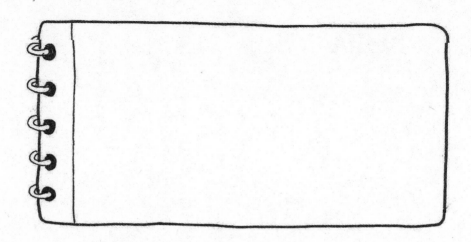

¿Es la grafología una ciencia?

Como lo recordarás, la grafología es una ciencia y está basada en las neurociencias, cuyo propósito es analizar la personalidad por medio de la escritura. Aceptada como una disciplina científica con valor incluso jurídico, la grafología logra descifrar la verdadera personalidad que, en ocasiones, puede enmascararse a voluntad.

La extraordinaria exactitud de las revelaciones de personalidad que obtenemos con la grafología usualmente se confunde con una actividad esotérica, sin embargo, los estudios científicos lo desmienten: la escritura es una actividad en la cual expresamos nuestros rasgos inconscientes, la grafología se dedica a desentrañarlos. Por ello, jamás intervienen elementos adivinatorios, astrales, ni alguna otra práctica metafísica.

En general son personas sin estudios quienes, en su afán por desprestigiar a la grafología, argumentan falsamente una relación entre ésta con lo esotérico; son los "profesionales" partidarios de esta opinión quienes la juzgan y desacreditan, pero realmente desconocen el tema con profundidad. Curiosamente, la gente no sabe los alcances de la grafología, a pesar de ser una ciencia anterior a la psicología: los estudios de Jean–Hippolyte Michon, pionero en la materia, se remontan hacia 1870. Es evidente que la grafología ha sido criticada por falta de información y desconocimiento en el tema.

Pero ¿es la grafología una ciencia? Hoy, con pruebas en la mano te contesto que posee un gran rigor científico. Utiliza los principios, técnicas y leyes en que se sustenta cualquier otra ciencia, como una metodología, terminologías e hipótesis comprobables. La grafología se dedica al estudio de la relación entre los procesos mentales y los trazos, además es una ciencia que se especializa en conocer más al cerebro humano; aún desconocemos mucho sobre este músculo maravilloso.

Para entender la importancia que tiene la grafología como herramienta de análisis, es necesario tener presente que la escritura es un acto complejo. La neurofisiología, pilar de las neurociencias, explica con argumentos sólidos todos los elementos que participan en esta actividad: compuesta por una amplia serie de movimientos rítmicos. La escritura es consecuencia de un sofisticado proceso neurofisiológico. Comienza en la corteza cerebral, pasa por la médula espinal donde participan una gran cantidad de músculos y termina generalmente en los movimientos de la mano –Adriana Macías lo hace con los pies–. Al mismo tiempo, la coordinación de la vista y los pensamientos inconscientes completan el conjunto de elementos que logran estampar un trazo en el papel.

Ahora bien, el proceso de aprendizaje en las primeras etapas de vida, complementado con diversos factores de maduración psicobiológicos, hacen de la escritura y de los trazos en general una proyección de la psique de quien los realiza.

Grafología y psicología van de la mano, avanzan juntas para realizar un esquema y una estructura funcional de la personalidad. Así como el psicoanálisis, la grafología es interpretativa, forma parte de las técnicas proyectivas para evaluar y entender la personalidad. La grafología se vincula con la psicología humanística porque se ocupa de la voluntad, la responsabilidad moral, la conciencia del Yo y los estímulos del individuo en general. Es una ciencia íntimamente ligada al estudio del cerebro y las neurociencias.

Cada vez los estudios sobre la grafología adquieren mayor relevancia: psiquiatras, neurocientíficos, fisiólogos, psicólogos, estudiantes, incluso no profesionistas interesados en el tema, están realizando investigaciones de neuroescritura, la simbología y el inconsciente, test de personalidad y análisis de la escritura, entre otros.

En el Instituto de Investigaciones Psicológicas, en Milán, se llevó a cabo un experimento con 839 personas, el cual permitió identificar y precisar 226 signos gráficos reveladores de conductas psicológicas: ¡fueron más de 800 particularidades! entre tendencias y actitudes según la personalidad de cada individuo.

Esta investigación permite bosquejar un mapa conductual con lo cual se demuestra que la grafología es capaz de aportar conocimientos psicológicos verídicos del hombre.

Ya son más de 130 años los que garantizan la reputación de la grafología. A través del tiempo, filósofos, médicos, psiquiatras, psicólogos y fisiólogos, perfeccionaron este instrumento de análisis de la personalidad; actualmente la grafología goza de gran reputación y validez en Europa, especialmente en España y Francia.

¿Te das cuenta por qué la grafología nada tiene que ver con las prácticas esotéricas?, ¿comprendes el valor científico que tiene? Antes de revisar Wikipedia te pido que estudies a Carl Jung, Jch Guille, Eduardo Calixto, Mauricio Xandro, Alfred Binet, Crepieux Jamin, Marco Marchesan, Elizabeth Wenk Wehmeyer, Rebeca González, Augusto Vels; una vez que los leas espero tus comentarios.

Cerebro y escritura

La letra es un reflejo de la persona
en el momento irrepetible en que la plasma.

A continuación, el neurólogo mexicano, David Briones Rosales, nos comparte las seis etapas neurofisiológicas correspondientes al proceso de escritura:

PRIMERA
El cerebro relaciona mentalmente cualquier objeto o situación con su nombre y, por lo tanto, con las letras que lo componen. Por ejemplo, un árbol con la palabra "árbol". Para efectuar esta fase es preciso que el individuo adquiera, a su debido tiempo, las imágenes visuales de dichos objetos.

SEGUNDA
Imagen y sonido se asocian. El objeto real y su nombre se relacionan con su sonido, es decir, la forma en que lo pronunciamos.

TERCERA

Ya que se relacionan mentalmente el objeto, su nombre y la palabra auditiva, entramos en la etapa donde la palabra sonora será sustituida por la imagen de la palabra, o sea el *grafema* –la letra escrita–. Esto no lo puede hacer un analfabeto.

CUARTA

Una vez que el grafema queda debidamente procesado por el cerebro es posible deformarlo, o mejor dicho personalizarlo. Ésta es la base de la grafología: la personalización del modelo caligráfico. Por eso todos tenemos diferentes tipos de letra.

QUINTA

Todo grafema se guarda en la memoria cinestésica, también los movimientos musculares que se aprendieron en la infancia para escribirlo. Curiosamente, aunque para escribir es importante la vista, la memoria visual no interviene en este proceso.

SEXTA

Es una actividad bioeléctrica. Para escribir, el cerebro envía órdenes a cada uno de los músculos que intervienen en esta actividad. Específicamente, el lóbulo parietal determina cuáles serán los movimientos necesarios, luego pasa esa información a la circunvolución frontal que interpreta el mensaje codificado y emite los impulsos neuroeléctricos necesarios. Esos impulsos se conducen a través de fibras nerviosas, llegan hasta la médula espinal y de ahí a los nervios del brazo que conducen hasta cada uno de los músculos de la mano que intervienen en el acto de la escritura.

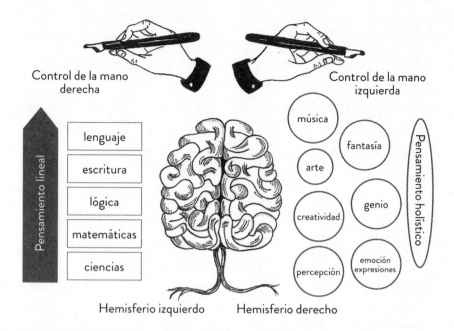

Control de la mano derecha

Control de la mano izquierda

Pensamiento lineal

lenguaje

escritura

lógica

matemáticas

ciencias

música

fantasía

arte

creatividad

genio

percepción

emoción
expresiones

Pensamiento holístico

Hemisferio izquierdo   Hemisferio derecho

¿Qué es la grafoterapia?

Todos escribimos diferente de acuerdo con nuestro estado de ánimo y nuestras experiencias, podemos hacer tantos tipos de letra como expresiones faciales. Sin embargo, sin importar esa diversidad de formas, siempre permanece en ellas nuestra "esencia", la cual define quiénes somos. La grafología es una herramienta que nos ayuda a develar esa peculiaridad que nos caracteriza. A través de nuestra escritura podemos conocernos mejor y también a los demás.

Pero eso no es todo, tú puedes utilizar la grafología para transformarte. Por ejemplo, modificar algunos rasgos de tu letra: tamaño, inclinación y forma, te ayuda a curarte de enfermedades como la migraña y hasta de manías inconscientes como la depresión; agrandar la letra "g" mejora tu desempeño sexual; escribir lento te permite bajar de peso. La grafoterapia transforma tu vida porque genera un cambio en tu actitud. ¿Todo esto es posible? Te aseguro que sí, lo digo por experiencia propia: yo era una niña con epilepsia.

Entonces, ¿qué es la grafoterapia? Es escribir distinto para cambiar, es decir, modificar un rasgo de tu letra para mandar información diferente a tu cerebro y generar un cambio en tu cuerpo, tu conducta, tu personalidad y tu Yo interno. Suena irreal, ¿verdad? Pero si consideras que el cerebro posee plasticidad y puede crear nuevas conexiones neuronales para adaptarse, sobrevivir y mejorar, ya no suena tan descabellado.

Cuando tu grado de felicidad es mayor te importa menos lo que digan los demás, es un proceso normal. En cambio, cuando estás triste el mundo trama un complot en tu contra, te enfermas y te pasan cosas malas ¿Te has fijado?

Las emociones están en tu cerebro y tu cuerpo responde a esos sentimientos. Es química cerebral, el sistema nervioso autónomo expresa nuestras emociones en la piel y otros órganos a través de un proceso psicofisiológico. Por eso, puedes ponerte chapeado, sentir un dolor muy fuerte en tu espalda o hasta tener una dolencia en tu corazón. Las emociones afectan la manera en cómo te sientes, tu cuerpo está entrenado para ponerse en alerta o estar en paz.

¿Por qué funciona entonces la grafoterapia? Porque la información que escribes llega directamente a tu mente. De ahora en adelante tus manos mandarán una información diferente a tu cerebro, vas a activar nuevas sustancias químicas y con esas nuevas sustancias serás más feliz. Lo verás reflejado en tu conducta.

Te enseñaron a no quererte, ahora tú aprenderás a amarte. Te juro que ese amor es verdadero y para siempre. Escribir desarrolla al cerebro y escribir diferente produce cambios en ti. Lo sé, todos escribimos según nuestro estado de ánimo, pero la grafoterapia es escribir un rasgo de forma diferente para cambiar por siempre. Lograrás una nueva sinapsis, es decir, una nueva comunicación entre tus neuronas.

La neuroplasticidad se basa en la práctica mental constante. Debes escribir todos los días de forma diferente, así tu cerebro transformará esa idea en una conducta. Es como ir al gimnasio, de nada sirve ir un día, debes ir todos los días para desarrollar tus músculos y quemar la grasa. Estudios demuestran que, si una persona se visualiza haciendo algo, el cerebro reacciona como si estuviese ocurriendo.

Entonces, imagínate lo que más deseas en la vida y tu cerebro trabajará para que lo logres. Visualiza y dibuja ¡la versión ideal de ti!

Ahora debes luchar incansablemente para lograrlo, para conseguir lo que deseas, para ser la persona que quieres. Sí, ¡luchemos por eso! Toma una pluma y dibújate, visualízate.

Me visualizo:
- Casada
- Con mi bebé
- Una cocina con horno de piedra
- Despertándo abrazada cada mañana

Creo que mi biorritmo... ¡sSe ha vuelto loco!

Abril 2018

Estoy harta, ya no aguanto más, no tengo ganas de nada, realmente quiero salir corriendo. Hay días en que tengo un hambre voraz y otros en que no aguanto ni el olor de la comida, me da náuseas. En las noches tengo pesadillas, sueño con sangre o que mi mamá me revisa en público y me da mucha vergüenza. Quiero ser mamá, pero luego me aterra la idea. No me gusta mi cuerpo, aún resuenan en mí las palabras de una mujer –que amo y también me ama–, cuando me dijo "deforme", recuerdo los trastornos que padecí: alimenticios, mentales y del alma. Hasta hoy no sé cómo es mi cuerpo, si tengo unas caderas asquerosas o unas curvas divinas: "Por favor, ¡ya no se metan con mi cuerpo!, si estoy gorda o flaca, si recupero o pierdo peso, por favor absténganse de opinar: ¡Estoy agotada! ¿Por qué todo mundo opina sobre mí y quiere aconsejarme?, ¡déjenme ser, por favor!

En fin, hay días en los que sólo tengo ganas de ir al súper, estar con mi Yorkie y mi esposo, no quiero ver a nadie más. No quiero contarle a nadie mis problemas, quiero estar sola, lejos de todo el mundo...

¡Basta!

A partir de este momento me quiero deshacer de toda la presión social y mi herramienta para lograrlo será la grafología y la grafoterapia. Ya me decidí, es momento de reinventarme y quererme. Aclaro, no me refiero al discurso ridículo del que piensas. Sí, ese terrible, fastidioso, asqueroso, aburrido y repetitivo discurso del "sonríe y todo va a estar bien". A mí no me funciona, no es una cuestión de cambiar de actitud y ya, es más, me caen gordísimos los falsos profetas y esas personas que parecen tías regañonas que te dicen: "Todo es cuestión de actitud", mentira, ¡¡¡mentira, mentira!!!

Sé que tú también te quieres reinventar. Vamos a conocernos, toma un papel y una pluma, yo también lo haré. Es el momento: "Yo (escribe tu nombre) _____, y una nueva Mary Fer están por nacer, por eso haré este libro de ejercicios a pesar del trabajo inmenso que me cuesta hablar de mí."

Mi editor, David García, me invitó a hacer un libro de ejercicios —pero te aseguro que, antes de plasmarlos en el libro, hice estos ejercicios hasta que me funcionaron— y ahora los comparto contigo. Este libro será como un recetario para ser feliz, porque estoy segura de que tú y yo ¡tenemos muchas ganas de ser felices!

Partiremos de quién eres a cómo quieres ser. Porque, igual que yo, te mereces todo lo bonito, todo el amor, todo el dinero, todo el éxito y todo el reconocimiento. Vamos juntos, lo mejor está por venir, te lo aseguro.

1

¿QUIÉN ERES?

¿Cuál es la versión de tu vida?

Yo ya te conté en qué etapa de mi vida estoy, ahora quiero que cuentes la tuya.

No podemos partir hacia donde queremos si no sabemos de dónde venimos. De lo contrario, nos pasará lo mismo que ha sucedido en la historia de México: por no conocer el pasado, repetimos los mismos errores como si fuera un país desmemoriado. Creo que muchas veces nuestra alma tiene problemas de memoria.

Ahora nos haremos una entrevista para saber la versión de nuestra vida. Así es, tu vida es diferente a lo que pueda pensar tu mamá, tu papá, tu esposo, tus tíos, tu jefe o tu mejor amiga; bien dice Gabo: "La vida no es como es, sino como se cuenta." Somos la historia que nos contamos y esa historia no la descubrimos, la creamos.

Ya es momento de contarte mi vida, también te toca ti. Hagámoslo, ¿te parece bien? Hay espacio para que contestemos:

• Dime tu nombre completo:

María Fernanda Centeno Muñoz.

• Tu fecha de nacimiento:

20 de diciembre de 1989.

• Lugar de nacimiento:

Ciudad de México (Hospital Español).

• ¿Quiénes son tus padres?:

Miguel Ángel Centeno Guadarrama y María del Carmen Muñoz Barroso.

• Defínete en cinco palabras:

Entregada, sensible, honesta, creativa y estudiosa.

• ¿Qué estudiaste?:

Derecho, grafología, grafoscopía y lenguaje corporal.

• ¿Cuál es tu pasión?:
   Escribir, cocinar y hacer ejercicio.

• ¿Cuál ha sido el mejor día de tu vida?:
   Hay varios: la primera vez que me puse tacones, cuando me
   casé, cuando apareció Yorkie, cuando presenté *Grafología
   en el amor* en el Grafocafé y cuando al fin me acostumbré a
   mi casa nueva.

• ¿A qué te dedicas?:
   Tengo mi Grafocafé –en Campeche 228, Colonia Condesa y
   otro en Tajín 683, Narvarte, en la Ciudad de México–, formo
   peritos en grafología, doy conferencias, hago televisión, soy
   esposa y mamá de Yorkie.

• Tu bebida favorita:
   El agua y el té.

• El mayor miedo:
   Ni los digo ni me los creo.

• ¿Cuál ha sido el peor día de tu vida?:

El día en que murió mi abuelito, fue un dolor muy hondo; también el día que se perdió Yorkie.

• ¿Cuál es el mejor recuerdo con tu mamá?:

Caminar en el mercado, riéndonos. O las veces que ella me cuida cuando me enfermo.

• ¿Y el peor recuerdo con tu mamá?:

Cuando me miente y me doy cuenta, me duele mucho, son como balazos.

• ¿Cuál es el mejor recuerdo con tu papá?:

Jugar con él y pintarlo. Cuando me abraza y sé que nada malo puede pasar −ay no, ya estoy llorando…−.

• ¿Y el peor recuerdo con tu papá?:

No verlo durante unos años por causas ajenas a nuestra voluntad, pero lo volví a ver y fue como si nada hubiera pasado.

• ¿Qué te quita el sueño?:

Soy un poco hipocondríaca y si sé de alguna enfermedad pienso que la tengo.

_____

• ¿A qué le huyes?:

A nada, nunca ha sido una opción.

_____

• ¿A quién le pedirías perdón?:

A mi cuerpo.

_____

• ¿Qué te da envidia?:

Las personas conformistas, a veces quisiera ser así. Supongo que sería más feliz, pero no, después de pensarlo me arrepiento.

_____

• ¿Te gustas?:

A veces.

_____

• ¿Qué parte de tu cuerpo te gusta?:
Mis piernas.

• ¿Qué parte de tu cuerpo odias?:
Mi trasero.

• ¿Qué parte de tu cuerpo le gusta más a tu pareja?:
Mi trasero.

• ¿Te da miedo la crítica?:
No, aunque me extraña cuando no la hacen.

• ¿Cuál es tu material más preciado?:
La grafología.

• Cuando te duermes… ¿en qué piensas?:
En nada. Pongo mi mente en blanco.

• Cuando te levantas… ¿en qué piensas?:
   En quedarme dormida otra vez.

___

• ¿Estás enamorada?:
   Profundamente.

___

• ¿Qué te gusta de tu pareja?:
   Sus ojos porque son azules, ahí me pierdo y me encuentro.

___

• ¿Qué te conmueve?:
   Mi Yorkito bebé.

___

• ¿Qué te da mucha felicidad?:
   La sonrisa de Yorkie y la de Carlos jugando.

___

• ¿Qué haces en tu tiempo libre?:
   Leo, hago ejercicio, voy al súper, estoy con mi esposo.

___

• ¿Cuál ha sido tu mayor logro?:
  · Mi familia.

_____

• ¿Qué te pone furiosa?:
  Los gatos que se le acercan a mi Yorkie.

_____

• ¿Te gustan los besos?:
  En el cuello.

_____

• ¿Recuerdas tu primer beso?:
  A los 16 y no me gustó.

_____

• Piensas que el sexo es…:
  ¡Saludable!

_____

• ¿Cómo te ves en diez años?:
  A los 38… despertando con Carlos todas las mañanas. Yorkie
  será grande pero muy sano y fuerte. Mis papás y hermanos,

plenos, exitosos y felices. Mientras yo, trabajando por el gusto de trabajar, generando contenidos.

_____

_____

_____

• ¿Te conoces realmente?:
  Para eso escribí este libro.

_____

Dibuja a una persona y conócete

Dibuja a una persona, hombre o mujer, lo que tú desees. Tómate el tiempo que quieras, sólo necesitas lápiz y goma:

¿Listo? La figura humana te ayuda a conocerte: si realmente eres feliz o estás muy triste, cuáles son tus miedos, qué te hace enojar, si vives en armonía o tu vida es un desastre. Todas esas emociones están en ti, pero muchas veces no las ves porque no eres totalmente consciente de ello.

¿Qué parte del cuerpo batallaste en dibujar? Piensa en eso y te darás cuenta de que justamente esas áreas de tu vida son las más importantes para ti, y debes trabajar en ellas.

LA FIGURA

Si dibujaste una figura acorde con tu sexo, significa que así te identificas y, además, te comportas de acuerdo con los estereotipos de tu género. Si la figura no corresponde a tu género, tienes conflictos o ambivalencias en tu inclinación sexual.

Una figura de perfil representa que evades la realidad y tratas de huir de tu presente porque no te gusta. La figura de frente indica que eres franco y hay estabilidad en tu vida. Si tiene un fondo, estás muy preocupado y buscas un apoyo para sentirte en paz.

TAMAÑO

Si hiciste una figura muy grande es porque así eres tú: tienes una autoestima enorme –tu ego es grandísimo–, pero no valoras a los demás y eres demasiado soñador, te falta autodominio. Si la figura es normal –de diez a veinte centímetros– indica que estás equilibrado emocionalmente y sabes cuál es tu realidad. En cambio, si es muy pequeña le das más importancia a los demás y buscas pasar desapercibido, eres una persona tímida.

PARTE DE LA HOJA DONDE DIBUJASTE A LA FIGURA HUMANA

Si te dibujaste en la parte de arriba es porque eres una persona fantasiosa. Si está muy abajo, eres pesimista, tiendes a la depresión y te falta hacer actividad física. Si está en la derecha, tienes problemas de autoridad. En cambio, si está en la izquierda es porque te inhibes y eres sumamente retraído.

En la parte superior derecha, revelas una enorme capacidad para enfrentarte a los retos, eres valiente y no le huyes a los problemas. En la parte inferior izquierda, te clavas en tus conflictos, es como si el pasado todavía te doliera, ¡cuidado! porque no te permitirá avanzar.

Y si lo dibujaste justo al centro y en medio de la hoja, ¡felicidades! estás equilibrado emocionalmente, tienes la capacidad para adaptarte y sabes tomar decisiones.

Ahora pasemos a la cara, ¡sí, al rostro!

EXPRESIÓN

De forma inconsciente le das una expresión a tu dibujo: alegría, miedo, angustia, sarcasmo o ironía –cara con la lengua afuera–. Cualquiera que sea la expresión que dibujaste significa que así te comportas y te relacionas con los demás. Es la forma en que te enfrentas a la sociedad.

BOCA

La boca es un elemento muy importante, difícilmente olvidas dibujar la boca, pero si lo hiciste así, careces de la capacidad para decir lo que sientes, probablemente te contienes o presentas problemas de comunicación con tu entorno. Si remarcas la boca y la vuelves a remarcar, indica que eres agresivo con tus palabras, tiendes a herir a los demás, dices las cosas con saña, de lo contrario no las dices. Una sonrisa torcida delata que buscas caerle bien a todo el mundo.

LABIOS

Si la lengua está de fuera, eres una persona instintiva, tus emociones están a flor de piel, no piensas lo que dices: lo sientes. Dejaste los labios muy marcaditos y los hiciste completos, eres muy femenina y sensual. Resaltaste la barba, seguramente eres dominante, te gusta mandar, eres un líder natural. Unos labios muy abiertos, indican problemas en la infancia y la necesidad de expresar esas heridas emocionales, ¡no te calles!

Los labios gruesos en la figura masculina son el reflejo de una sensibilidad casi femenina. Cuando pones un cigarro, una pipa, un chocolate u otra cosa en la boca, demuestras interés en la zona erótica oral.

El mentón, casi nadie piensa en cómo dibujarlo, sin embargo, cuando lo acentúas significa que te gusta tener el poder y siempre buscas la atención de los demás, eres exhibicionista; cuando el mentón es muy cuadrado, tu personalidad es agresiva y dominante.

OJOS

Dicen que los ojos son la ventana del alma; son el órgano de contacto con el mundo exterior. Tus ojos dicen mucho de ti, expresan si eres vanidoso o si sientes amenazado tu narcisismo. Definen si eres hostil o amable. Hablan de tus temores y fortalezas. A través de ellos conoces la manera en que te comunicas con tu entorno social:

- Si no dibujas pupilas, eres egocéntrico y nada detallista.

- Los ojos cerrados, por alguna razón evitas tu realidad.

- Los ojos carentes de expresión, claramente reflejas un vacío emocional y falta de madurez.

- Ojos pequeños, tu personalidad es súper analítica y observadora.

- Ojos grandes, eres amigable y súper sociable pero también muy sensible a la opinión de los demás.

- Ojos grandes y acentuados, eres obsesivo, con ganas de llamar la atención.

- Ojos grandes y con más detalles, reflejas vanidad −nosotras las mujeres preferimos dibujarlos así−.

- Ojos donde la mirada es penetrante, tienes una actitud agresiva y siempre buscas defenderte.

- Si están proporcionados, vives buscando el equilibrio y la armonía.

PELO

El pelo está relacionado con la sexualidad. Si dibujaste muchísimo pelo eres sumamente sexual y todo lo realizas con vitalidad. Al contrario, si dibujaste poco pelo, el sexo no es tu prioridad. Pero si está pelón, no te espantes, no necesariamente habla de tu vida sexual, fíjate en la nariz, también se vincula con la sexualidad.

| Mucho pelo | Poco pelo | Sin pelo |

Si dibujaste pelo en pecho, una barba o bigote es porque eres una persona viril, el poder y la fuerza son súper importantes en tu vida. Un pelo excesivamente sombreado, te obsesionas con todo.

NARIZ

La nariz siempre tendrá un significado sexual, por ejemplo, muy grande y colgando, es de alguien poco romántico en el acto sexual; la nariz también puede mostrar lo mucho que te importa la opinión de los demás: sombrearla demasiado revela temores internos; fosas nasales muy marcadas, es un claro mensaje de una actitud agresiva y poco sensible, todo lo contrario si la punta de la naríz es más redondeada. Si la naríz es puntiaguda habla de que la persona es agresiva únicamente a provocación.

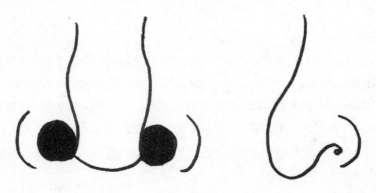

CUELLO

El cuello habla de tu imaginación y la manera en cómo te relacionas con tus medios. Un cuello muy delgado es porque te sientes débil y no te permites conocer a los demás, si el cuello es muy corto eres más objetivo que idealista, pero te obstinas demasiado, si el cuello es muy largo, las relaciones sociales no son lo tuyo, cuando hablas te gusta divagar y difícilmente aterrizas tus ideas. La omisión del cuello revela inmadurez, necesitas aprender a resolver tus problemas.

Si dibujaste el cuello súper, mega, híper largo, ¡cuidado! Vives en otra realidad, incluso tienes tendencias esquizoides.

BRAZOS

- Los brazos extendidos, eres ambicioso.
- Si están muy grandes, tienes una gran necesidad de sentirte protegido.
- Unos brazos fuertes y musculosos, pretendes ser una persona agresiva.
- Si son muy cortos, te falta ambición, eres conformista.
- Si están en forma de garras, eres sumamente prepotente con la gente débil.
- Si están muy pegados o no tiene brazos, evitas la comunicación con los demás.
- Si le pusiste sombra, prefieres la cercanía y el contacto físico, pero también eres ansioso.

- Si son muy rígidos, eres una persona terca.
- Si están relajados y flexibles, ¡felicidades! Te sientes cómodo en este momento de tu vida.
- Cuando no dibujas las manos, reflejas una enorme falta de confianza en ti.
- Si las manos son pequeñas, te falta el contacto con la gente.
- Si están en los bolsillos o escondidas, eres deshonesto y tienes problemas con la autoridad.

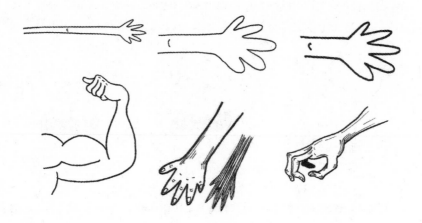

PIERNAS

Por ser las piernas el soporte del cuerpo, con tu dibujo puedes conocer el grado de estabilidad que tienes. Las piernas delgadas muestran falta de carácter para enfrentar la vida como es. Unas piernas gruesas, indican soberbia. Si están muy juntas son rigidez, nada ni nadie te hace cambiar de parecer y te niegas a aceptar tus errores, o debilidades.

TRONCO

Para dibujar el tronco nos basamos en figuras geométricas:

- Redondo: tu personalidad es suave.
- Triangular o anguloso: eres fuerte y buscas estabilidad.
- Rectangular: si es pequeño y delgado, tienes sentimientos de inferioridad; si es grande, demuestras tus deseos de superación; y si es ancho y gordo, así proyectas tu tendencia a la obesidad.

En cuanto al ombligo, si se presenta en dibujos poco detallados significa dependencia, lo mismo la hebilla del cinturón cuando se remarca de manera especial. Con frecuencia los individuos inmaduros, dependientes y de carácter obsesivo dibujan botones.

CADERA Y CINTURA

Si eres mujer y buscaste una figura femenina con una cintura ajustada y casi comprimida, muestras tu deseo por asentar tus caderas y por lo tanto eres muy sexual, sin embargo también tienes una gran necesidad de controlar tus impulsos.

Si eres hombre y dibujaste una figura masculina: una cintura estrecha sugiere que te identificas con lo femenino, remarcar el cinturón también indica una necesidad por controlar tus impulsos sexuales.

¿Ya te analizaste? Recuerda, justo donde más borras, tachas o tienes problemas en dibujar, esos son los aspectos de tu vida que debes trabajar.

Tu forma de vestir define tu personalidad

¿Cómo te gusta vestirte?, ¿sabes cuál estilo te define mejor? Tu manera de vestir habla mucho de tu personalidad.

1 Si usas *jeans*, camisas de algodón, suéteres, accesorios pequeños y sencillos, eres amistoso y honesto, te importa más lo sentimental que lo material.

2. Pero si prefieres ropa de marca, eres conservador, inteligente y actúas con cautela.

3. En cambio, si te gusta la ropa de diseñador, valoras mucho la reputación, eres ambicioso e intolerante a la crítica, te gusta dar siempre una buena imagen.

4. Cuando usas prendas sueltas y relajadas, incluso accesorios de colores, eres romántico, alegre, divertido y atrevido.

5. En cambio, si usas ropa ajustada, eres muy sexy, provocativo y te gusta llamar la atención.

6. Prefieres la comodidad en la ropa: no te gustan las complicaciones, te perciben como una persona accesible.

7. Te gusta la seriedad en tu ropa: proyectas profesionalismo, pero a veces eres aburrido.

8. Te gusta vestir diferente: no aceptas ser convencional y tu ingeniosa manera de combinar colores y texturas te distingue, eres creativo.

Visual, auditivo o kinestésico, ¿cuál es tu inteligencia perceptiva?

Todos tenemos cinco sentidos: el olfato, el gusto, la vista, el tacto y el oído. Las personas recibimos la información de todo lo que nos rodea a través de ellos, y ellos a su vez nos permiten entender a las personas y el medio en que vivimos. Gracias a ellos tenemos distintas sensaciones: placenteras, de incomodidad, incluso miedo. Pero no todos percibimos las cosas de la misma manera, es decir, interpretamos la realidad según nuestra personalidad y los sentidos que predominan en nosotros.

¿Cómo aprendes mejor? Existen tres formas para entender el mundo: visual, auditivo y kinestésico.

Si descubres cuál es tu forma de interpretar el mundo, te volverás más creativo y más innovador.

Sobre todo con una mayor facilidad para relacionarte con lo que te rodea, aprenderás más y mejor. Se trata de saber cómo captas las cosas.

VISUALES

Las personas visuales tienen un alto nivel de energía. Visualizan muy bien las imágenes que quieren recordar. Generalmente tienen buen gusto. Son vanidosos y egocéntricos.

Son personas entusiastas y más intensas, aprenden mejor a través de ejemplos gráficos.

Los visuales son antojadizos, románticos y soñadores. Para ellos, la estética de la apariencia es muy importante. Pueden ser metódicos y ordenados. Suelen hablar de prisa y las imágenes pasan rápidamente por su mente.

Si tu jefe es visual, le dará especial importancia al aspecto y a la presentación del trabajo.

Su letra es ancha y redondeada:

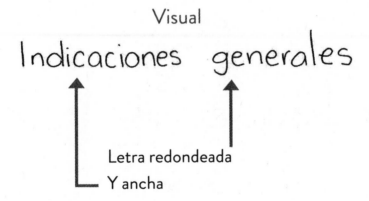

Visual

Indicaciones generales

Letra redondeada
Y ancha

AUDITIVOS

Los auditivos son personas que piensan con más cuidado, hablan incluso más despacio porque se toman el tiempo para elegir las palabras precisas. Son asertivos para relacionarse a pesar de que están en constante estado de alerta. Prefieren los sonidos suaves. Les gustan las personas a las que puedan admirar, no solamente como pareja sino para rodearse de ellas.

Muchas veces prefieren que les expliquen las cosas a leerlas. Tienen facilidad para conversar y relacionarse, son muy analíticos.

Generan contenidos con facilidad. Son introspectivos, atentos a los detalles y reservados con su vida privada. Son idealistas y con un gran sentido de la justicia.

Si tu jefe o pareja es auditiva, cuida lo que hablas, fíjate en los detalles, porque estará al pendiente, lo analiza todo.

Su letra es alta y la zona media es pequeña en relación con el texto:

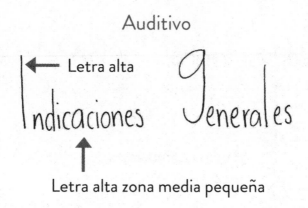

KINESTÉSICOS

Los kinestésicos están conectados a su entorno. Son sumamente sensibles. Muchas veces se debaten entre el corazón y la razón. Los kinestésicos requieren contacto físico. No le dan tanta importancia al orden, pero sí tienen puntos claves en los cuales se fijan, son incluso quisquillosos. Sus recuerdos se basan más en sensaciones y emociones que en palabras o imágenes.

Hablan con las manos, las usan para apoyar su mensaje. Tienen facilidad de palabra y son buenos para convencer.

El kinestésico le da más importancia a las intenciones que a las acciones. Cuando tienen disputas con sus amistades, o alguien más, no son rencorosos, pero esperan recibir una disculpa real y sincera. Están en constante búsqueda del equilibrio.

Si tu jefe o pareja es kinestésico, será tremendamente intuitivo y no lo podrás engañar.

Escriben rápido, semianguloso y grueso:

Kinestésico

Letra gruesa y semiangulosa

¿Dónde vives: pasado, presente o futuro?

Averigua en dónde vives: en el pasado, presente o futuro. Para saberlo firma en la siguiente hoja blanca:

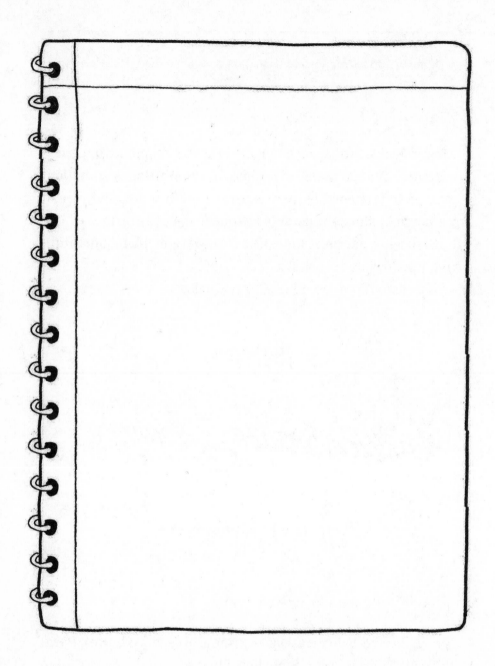

Cuando termines, fíjate bien en qué lugar de la hoja firmaste.

SI FIRMASTE EN LA IZQUIERDA

Estás viviendo en el pasado y te da miedo avanzar. Pero ¿qué es vivir en el pasado? Te justificas pensando que el pasado fue mejor, quizá el amor o la suerte estaban más contigo, sin embargo, ¡ya pasó! El cambio es la única constante en la vida, vivir en el pasado es como quedar congelado, lo pasado ya fue, no volverá y, ¿sabes qué? ¡Estás vivo! Vale la pena arriesgarse, probar cosas nuevas. La vida está llena de lecciones, a veces nos va bien y otras no, pero el único error es no aprender algo de cada lección.

¿Firmaste en la izquierda?
Vives en el pasado.
Te da miedo avanzar.
Te cuesta trabajo soltar.

SI FIRMASTE EN EL CENTRO

¿Qué te puedo decir? ¡Muy bien! Vives en el presente, dejaste atrás el pasado y estás construyendo tu futuro. Vivir en el presente es tener consciencia de que sólo somos este instante, se vale sentir y disfrutar. Sin embrago, no todo es color de rosa, si firmaste en el centro, pero escribes muy rápido, eres muy impulsivo y no estás midiendo las consecuencias de tus actos.

¿Firmaste en el centro?
Vives en el presente, en el aquí y ahora.

¡ hola !

No te importa lo que fue ni lo que será, lo que vale es el presente.

SI FIRMASTE A LA DERECHA

Vives en el futuro, piensas a largo plazo y siempre vas un paso adelante. Eres muy inteligente y planificas mucho, no dejas nada al azar, todo lo tienes muy bien calculado, pero padeces de ansiedad y necesitas controlarlo todo.

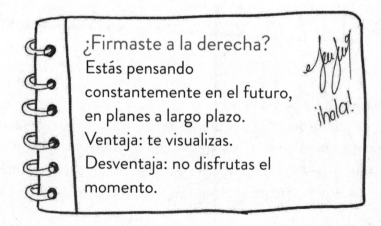

¿Firmaste a la derecha?
Estás pensando
constantemente en el futuro,
en planes a largo plazo.
Ventaja: te visualizas.
Desventaja: no disfrutas el
momento.

¡hola!

No es bueno ni malo escribir en la derecha, la izquierda o en el centro, simplemente son diferentes formas de ver el mundo; aunque nada está determinado, si tú lo decides puedes cambiar. No lo olvides, el cambio es la única constante en la vida.

La escritura es un proceso neurofisiológico. Escribimos con todo el cuerpo, pero principalmente con el cerebro, que es el responsable de albergar afectos y emociones, por eso cuando escribimos plasmamos en el papel nuestro estado psicológico y proyectamos nuestra condición personal.

Por eso tienes tantos tipos de letra, cada uno es como tus expresiones faciales: enojado, contento, preocupado, temeroso, triste, feliz... Sin embargo, la esencia de quien eres tú se mantiene.

Como terapia te recomiendo que, si firmas en la parte izquierda y te da miedo el cambio, ahora lo hagas en la parte derecha; si tu problema es que el futuro te genera ansiedad, comienza a firma en el centro: 21 renglones por 21 días.

Tus expectativas... ¿Están a tu favor o en tu contra?

*La posibilidad de realizar un sueño
es lo que hace que la vida sea interesante.*
Paulo Coelho

*Un deseo no es el hecho en sí,
sino la espera para cumplirlo.*

Cuando se trata de tus expectativas, ¿eres demasiado soñador o mantienes bien plantados los pies en la tierra? Las expectativas son una suposición de lo que puede acontecer, se encuentran centradas en el futuro. Todos en algún momento de nuestra vida esperamos cumplir algo: tener una pareja, lograr el cuerpo que queremos, obtener un trabajo, ser más felices... La diferencia es que para algunas personas esos sueños son muy ambiciosos, no cuentan con las posibilidades reales de lograrlo, o no trabajan para cumplirlos, en esos casos sus expectativas se vuelven sus *enemigas* porque los alejan de la realidad y terminan viviendo en un mundo de fantasía. Sin embargo, cuando estamos centrados en nuestro presente, nos preparamos y día a día luchamos por cumplir nuestros sueños, hacemos que nuestras expectativas sean *amigas,* ellas nos van a motivar e inspirar para alcanzarlas.

Te propongo algo. Piensa en lo que más deseas en el mundo, ahora imagina que se cumple ¿Lograste imaginarlo? ¿Por qué deseabas que sucediera? ¿Qué ocurre después de lograrlo? Exactamente de eso vamos a hablar: lo que ansías con el corazón, pero que aún no sucede.

Tienes que tomar en cuenta estas tres cosas cuando desees algo:

1. El cerebro es plástico y lo que aprendemos y pensamos modifica su composición física.
2. Si cambiamos nuestros pensamientos, transformamos nuestro cerebro.
3. Entrenar nuestro cerebro para ser optimistas o pesimistas cambia los circuitos cerebrales.

Escribe todas las expectativas que tengas:

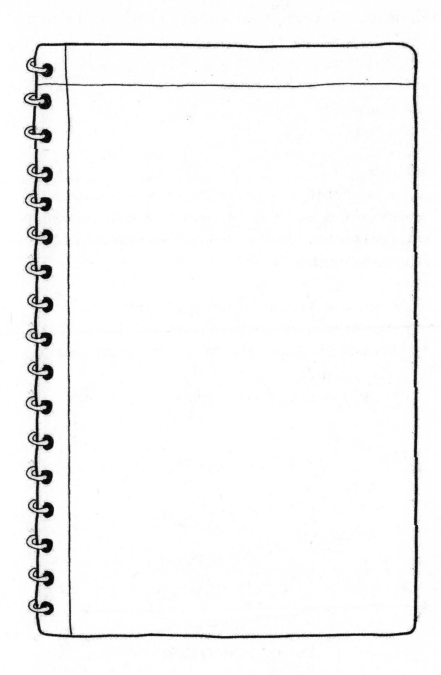

Existen cuatro tipos de expectativas, ¿de qué tipo son las tuyas?

1. Pesimista.
2. Optimista.
3. Exagerado.
4. Realista.

PESIMISTA

Regularmente se desaniman, ven todo como un cúmulo de desventajas, perjuicios e inconvenientes. Se sugestionan tanto, al grado de ponerse límites y encontrar desventajas en lo que ni siquiera ha sucedido.

- Generalmente imaginan lo peor.
- Piensan que lo malo dura para siempre.
- Consideran que los malos eventos repercutirán negativamente en su futuro.
- Se asumen culpable de los malos acontecimientos.

Diego, Diego...
hola, como estás
#No puedo dejar
    de pensar...

La letra va hacia abajo

OPTIMISTA

Sus expectativas son positivas, se explican los eventos negativos de la vida como algo circunstancial, piensan que no tienen problemas sino retos. Todo lo que les pasa es exactamente como debe pasar, porque esa es la lección que deben aprender.

Una persona que toma el optimismo como corriente de pensamiento, ayuda a estimular su sistema inmune.

La felicidad, y otras emociones positivas, protegen la salud de nuestro corazón. Disminuyen el riesgo de ataques cardíacos y también nos protegen de padecimientos cerebrovasculares y cardiovasculares.

Tamara →

Escritura ascendente

EXAGERADO

Cuando somos niños nos cuesta trabajo distinguir entre la realidad y nuestra imaginación, conforme vamos creciendo aprendemos a diferenciarlo –entendemos que los monstruos abajo de la cama no existen–, sin embargo, hay personas que se niegan a aceptarlo y se la pasan todo el tiempo en las nubes.

El exagerado vive en un mundo de fantasía, es la clase de persona que apenas comienza a salir con una pareja y ya imagina una boda; no termina la carrera, pero en su primera oportunidad de trabajo ya pide un puesto directivo. Considera que se merece todo. La realidad nunca llena sus expectativas.

Para el exagerado no hay medias tintas: todo es grande, demasiado e intenso; suele ver consecuencias más graves de lo que son, todo lo magnifica, hace de un problema sencillo una pesadilla.

Su letra es muy redonda y ancha. No pone punto final porque no termina lo que empieza:

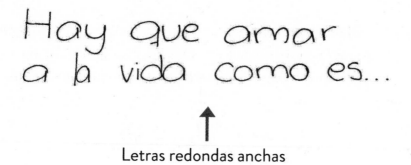

Letras redondas anchas

REALISTA

Los realistas se adaptan, entienden el mundo tal cual es y aceptan los cambios. No se adelantan a los acontecimientos… pero siempre están listos. Son conscientes de que nosotros creamos nuestra realidad. Enfrentan las circunstancias de la vida con madurez.

El realista es objetivo. La objetividad es el valor de ver el mundo como es y no como queremos que sea. Es asertivo, cauto, mide las consecuencias, busca equilibrio y actúa con inteligencia emocional.

La inteligencia emocional nos permite ser conscientes de nuestras emociones, comprender los sentimientos de los demás y tolerar las presiones y frustraciones del trabajo. Desarrolla nuestra capacidad para trabajar en equipo y nos ayuda a adoptar una actitud empática y social que nos brindará mayores posibilidades de desarrollo personal. Escuchar atentamente, pedir un consejo y recibirlo con humildad, además de centrarse en los hechos y no en las personas, es parte de las habilidades que aprendemos con la inteligencia emocional. Logramos un equilibrio entre la razón y nuestras emociones para afrontar nuestros problemas con madurez. Así es más fácil evitar las circunstancias problemáticas o a las personas tóxicas.

La letra del realista es rectilínea, no es ascendente ni descendente, respeta un renglón imaginario, suele escribir y firmar al centro:

#No puedo parar de creer

Parece que hay un renglón imaginario, no se van las letras hacia arriba o abajo.

Vamos a ver qué dice tu letra de ti

Tu letra tiene un tamaño particular y posee una forma específica. Cada rasgo de tu letra es un indicio de tu carácter, define la manera en que te desenvuelves en tu entorno, así como tu capacidad de adaptación.

Escribe tu nombre completo y descubre más sobre ti; este ejercicio también te servirá para los capítulos siguientes:

FORMA

Angulosa

¿Has visto esas letras que parecen triangulitos? Precisamente esas son las letras angulosas. ¿Escribiste así? Tienes un carácter fuerte, pero si es excesivamente angulosa, ¡cuidado!, eres agresivo, incluso violento.

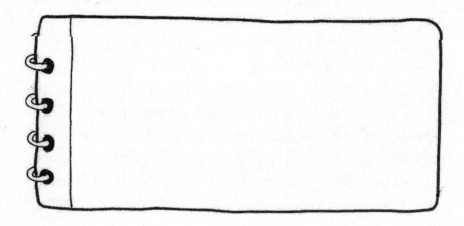

Letras angulosas

Curva

Tu letra es redondeada y presenta arcos. Tienes conciencia social, eres amable, cariñoso, cordial, cálido y cercano con los demás, aunque a veces demasiado apapachador.

Letra curva

Semiangulosa

Mezclas ángulos y curvas. Tu carácter está equilibrado entre fuerza y dulzura, eso sí, por las buenas todo amor, pero por las malas: cuidado... mucho cuidado. También eres exigente e impaciente.

Cículos   Ángulos

Filiforme

Tu letra empieza siendo legible, pero termina en forma de hilo. Eres impaciente y ansioso, sin embargo, tienes una gran agilidad mental, tu mente va más rápido que tu cuerpo. Las personas más inteligentes del mundo tienen una firma filiforme.

Parece un hilo

INCLINACIÓN

Se mide de acuerdo con el ángulo formado por los trazos en la letra. Indica tu disposición al cambio, si cedes fácilmente o no, cómo reaccionas y te comportas ante las situaciones adversas, el fracaso y la actitud de los demás.

Dextrógira: inclinación a la derecha

Eres abierto al cambio, tolerante y flexible, pero te cuesta trabajo decir que no a los demás.

Ángulo agudo menos de 90°.

Inclinada hacia la derecha Abierto al cambio, a las cosas nueva, te cuesta trabajo decir que no.

Sinistrógira: inclinación a la izquierda

Eres nostálgico, vives en el pasado, te aferras demasiado a los demás. Eres una persona entregada, pero te cuesta trabajo decir adiós y cerrar ciclos. Para ti los duelos y las despedidas son algo complicado.

Inclinación a la izquierda
Representa las raíces, aferrarse a las ideas, no saber decir adios y no cerrar ciclos fácilmente.

Ángulo agudo menos de 90°.

Recta o vertical

Estás concentrado en tu presente, en el aquí y ahora. Eres inflexible, nada te hace cambiar de opinión. Prefieres que te hablen con claridad, sin rodeos, todo en forma y con la verdad.

Escritura vertical
"Paradita"

Ángulo recto 90°.

VELOCIDAD

¿Qué tan rápido escribiste? La velocidad con que escribes indica tu grado de impaciencia y ansiedad. Pon mucha atención aquí porque me refiero a las letras, no a las palabras:

Lento

escribes menos de 100 letras por minuto. En general tu letra es legible, bien definida, utilizas correctamente los signos de puntuación. Eres reflexivo, cauto y controlas muy bien tus impulsos.

Rápido

Escribes entre 130 y 200 letras por minuto. Tus trazos son poco definidos, incluso llegas a formar hilos o te comes letras. Posees una gran agilidad mental, captas la realidad con facilidad. Muchas veces la agitación y la excitabilidad se interponen en tu concentración, eres impulsivo.

PRESIÓN

¿Te has fijado que algunas personas cuando escriben dejan la hoja tan marcada que hasta parece braille o puede leerse por atrás? La presión que ejerces al escribir significa tu vitalidad y energía, además, tu fuerza de carácter. Te dice qué tan enojón o intenso eres. Revisa con qué fuerza escribes:

Firme

Dejas la hoja marcada, la letra se siente, incluso la puedes tocar por detrás. Eres enérgico y con mucha vitalidad, pero intolerante a la frustración, te enojas fácilmente y dices lo que sientes.

Hola #arreglatuvidacon grafología

Ligera o fina

Es una presión suave. Tu letra está formada por trazos ligeros, casi imperceptibles en la hoja. Eres una persona delicada, fina y sensible, no te gustan los conflictos ni pierdes el tiempo en discusiones.

#arreglatuvida con grafología

Con vacilaciones

Algunas partes son firmes y otras ligeras. Tienes constantes cambios de estado de ánimo, eres voluble e impredecible. La escritura con vacilaciones también es común en las falsificaciones.

#arregla tu vida con grafología

Descubre el temperamento con el que naciste

El temperamento es la manera en cómo nos relacionamos con nuestro entorno. Son las conductas socioemocionales con las que nacemos. ¡Típico! te dicen: "Desde chiquito eras..." o "sacaste lo sociable de tu papá". El temperamento obedece a factores biológicos, es hereditario y no influyen factores externos. Nacemos con el temperamento.

La palabra temperamento proviene del latín *temperamentum* que significa "adecuada correlación de partes". Hipócrates fue el primero en hablar de los temperamentos, afirmaba la existencia en el cuerpo humano de cuatro líquidos o humores: sanguíneo, linfático, nervioso y bilioso. El temperamento de una persona depende del tipo de humor que predomina en su cuerpo.

Conocer tu temperamento y el de los demás te sirve para aprovechar mejor tus fortalezas, conocer qué tipo de parejas necesitas y conocer en qué áreas de trabajo te desempeñas con facilidad para así, obtener mejores resultados tanto monetarios como emocionales.

Es importante aclarar lo siguiente: hablar de temperamentos no es para limitar ni condicionar la personalidad. Describirlos y conocerlos te permitirá lograr una mejor combinación entre tu temperamento y el de los demás.

SANGUÍNEO

El humor predominante es la sangre. El sistema nervioso funciona rápido y está equilibrado.

Te caracterizas por ser extrovertido, alegre y optimista. Tienes gran facilidad de palabra, pero con esa misma habilidad sabes mentir. Haces planes a corto plazo, eres soñador.

"Eres de sangre dulce", fácilmente le caes bien a los demás, basta con que te vean. Posees seguridad y carisma. Puedes argumentar y debatir con facilidad porque no tienes medio a relacionarte, al contrario, te encanta la comunicación y el contacto con la gente; te gusta trabajar en equipo. Tienes la capacidad para tomar decisiones con la cabeza fría. Eso sí, eres un poco narcisista, te gusta recibir aplausos y el reconocimiento público.

Las personas con humor sanguíneo son grandes artistas, cantantes, actores, abogados, políticos y vendedores convincentes.

Las características grafológicas del temperamento sanguíneo son:

- Letra grande, ancha, curva, rápida y ligada.
- Algunas veces adornada.
- Trazos rápidos, espontáneos y redondeados.
- La firma también es grande.

hola me llamo Mari Fer

LINFÁTICO

Tu sistema nervioso funciona lento. Piensas mucho para tomar decisiones. Te gustan las cosas muy claras y las explicaciones concretas. Por supuesto, eres metódico y estructurado, en muchas ocasiones te controlas tanto que no dices todo lo que sientes. Tiendes a ser romántico y soñador, amable y tranquilo, necesitas ser más dinámico y activo.

Eres leal pero un poco terco. Puedes llegar a ser perfeccionista, en el trabajo confías en tus conocimientos, posees un alto grado de observación y muy buena retención, eres de los que se aprenden las canciones de memoria. Te guías con el sentido común.

Las características grafológicas de los temperamentos linfáticos son:

- Letra lenta y redondeada.
- Vertical.
- Apegada al modelo caligráfico.
- La firma generalmente es similar al texto.

#arregla tu vida con grafología

NERVIOSO

Tú sistema nervioso está acelerado y así eres tú. Tienes una gran sensibilidad física, emocional e intelectual. Tu estado de ánimo es cambiante. Respondes con rapidez a cualquier estímulo. Tienes gran necesidad de moverte; eres activo, meticuloso, perfeccionista, exigente, crítico y sumamente intenso. No escondes lo que sientes, todo lo vives a flor de piel. Necesitas saber y conocer todo lo que ocurre a tu alrededor, te gusta dominar cualquier situación. No te extrañes de ser puntual e impaciente, te alteras con facilidad.

Las características grafológicas de los temperamentos nerviosos son:

- Letra de mediana a pequeña y semiangulosa.
- Trazos rápidos y desiguales, en algunos momentos alcanzan forma de hilo −o sea filiforme−.
- Hay presencia de puntos y cada letra se va conectando.
- La firma tiene ángulos que parecen signos de electrocardiograma.

Hola me llamo Rodrigo

BILIOSO

Eres enérgico, dinámico, fuerte, rotundo, observador, tenaz, imparable; posees una gran fuerza de voluntad. Tus ideas se convierten en realidad, tienes esa capacidad para realizar lo que te propones. Incansable, racional y con mucha iniciativa; te define tu sentido de la organización, el autocontrol y dominio de sí. Tus decisiones son firmes e irrevocables. Tienes un gran don de mando, eres excelente para los negocios, el manejo de personas y el dinero. Eres muy responsable.

Algunos dicen que eres frío o demasiado racional. Y tú lo sabes bien, si alguien pierde tu confianza puede olvidarse de ti, porque difícilmente das una segunda oportunidad.

Las características grafológicas del temperamento bilioso son:

- La presión en la letra es fuerte y firme.
- Trazo rápido y anguloso.

- La barra de la letra "t" en alto.
- Escritura con inclinación hacia la derecha.
- La firma es grande y no siempre dice el nombre, parece un garabato.

Hablemos de tu carácter

El carácter se vincula con el temperamento, es parte de nuestra autopercepción. Son las conductas que aprendemos y adoptamos, ellas nos definen y distinguen de los demás. El carácter se forma con nuestras vivencias –buenas y malas–, además se construye día a día al enfrentarnos a la vida. Se ve reflejado en nuestra manera de actuar. ¿Cuál es tu carácter? Vamos a ver:

SEGURO
Tienes confianza en ti y así obtienes resultados positivos. Dices lo que piensas sin miedo al ridículo y la censura. Eres atrevido y aceptas los retos porque sabes que puedes con ellos, si en algún momento te caes, indudablemente te levantas.

Tus características grafológicas son: letra y firma grandes, no tachoneadas.

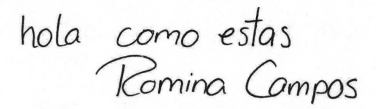

¿TÍMIDO O INTROSPECTIVO?

Seguramente tener la capacidad para imaginar un mundo entero es padrísimo, ¿tú tienes ese don? Entonces eres una persona reflexiva. Argumentas y analizas con base en la observación y dialogas mucho contigo. Muchas personas piensan que eres frío cuando en realidad sientes todo a flor de piel, eso se debe a que no lo manifiestas. Tu carácter en ocasiones se convierte en timidez.

Si eres introspectivo tus características grafológicas son: letra pequeña, pero bien hecha; en cambio, si eres tímido: tu firma es pequeña, en algunos momentos remarcada y envuelta en un círculo.

CARIÑOSO

Todos necesitamos cariño. Es indispensable que alguien del equipo nos apapache, nos haga sentir bien y queridos. El cariñoso es amoroso: da y recibe amor.

Tus características grafológicas son: letra mediana y redon-deada.

hola guapo,te veo en la tarde

RESERVADO

Lo sabes, tenemos que rogarte para que nos cuentes las co-sas. Te cuesta trabajo hablar o demostrar tus sentimientos, los guardas sólo para ti. Difícilmente compartes tu dolor o alegría, eres muy cauto para hablar de ti.

Tus características grafológicas son: firma sumamente lejos del texto y generalmente pequeña.

Firma muy lejos

SOCIABLE

No puedes estar a solas, te gusta el contacto con las personas. Eres platicador y sonriente, aunque no siempre caes bien. Aquí no hay medias tintas: o te aman o te odian.

Tus características grafológicas son: letra grande, de presión firme y semiangulosa.

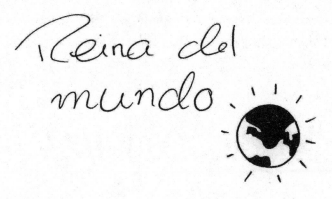

LOS DE RETOS

Tú nos motivas a ser mejores, a avanzar y a tener más. Los retos son la sal de tu vida, tu gasolina, el motor de tu alma. Tus retos son sueños realmente ambiciosos, de esos que llegan hasta el cielo. Cuando menos te das cuenta, ya conquistaste lo que querías.

Tus características grafológicas son: letra hacia arriba, la dirección es ascendente, especialmente en la firma.

REALISTAS

La realidad puede darnos golpes muy fuertes, pero también nos permite centrarnos. La gran ventaja de ser realista es que ya sabes a lo que te enfrentas. Tienes la claridad de ideas para razonar coherentemente y construir tu futuro sobre posibilidades reales y no en sueños que se desmoronan. Tus sueños son alcanzables. Caminas con paso firme.

Tus características grafológicas son: escribir sobre el renglón, utilizar signos ortográficos, el trazo no es rápido sino con velocidad normal.

Michelle Rodriguez

DESCONFIADO

Tu desconfianza es producto de tus vivencias. Bien dicen: "Si la burra no era arisca, la hicieron a palos." Tenlo presente, la desconfianza en los demás es la experiencia materializada de las vivencias desafortunadas del pasado.

Tus características grafológicas son: ganchos en la parte izquierda de las letras.

Soy cero rencoroso

Juan

IMPULSIVO

No te guardas lo que sientes, lo dices sin importarte las consecuencias. Estás muy acelerado y respondes repentinamente. Tu problema es la falta de cautela para expresarte, por eso muy seguido te metes en problemas.

Tus características grafológicas son: letra demasiado rápida, sin puntos ni comas ni nada por el estilo.

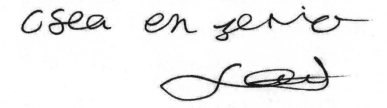

CAUTO

Eres prudente y andas con cuidado. Te define perfectamente la frase: "A paso lento, pero seguro."

Tus características grafológicas son: pones un punto antes de escribir cada palabra.

al .mal. Paso .davle. Prisa

CONSTANTE

Todas las mujeres odiamos al hombre que sale contigo tres veces y luego ya no te habla; del mismo modo, si algo detesta mucho un jefe, es que el trabajo quede a medias. La constancia es muy importante, es mantener un ritmo firme en lo que hacemos.

Si eres así, ¡felicidades! Créeme que te lo agradecemos.

Tus características grafológicas son: letra de tamaño uniforme, la dirección es vertical y no falta el punto al final de cada oración.

Tenemos que pensar que es un tema importante:
1. Comunicar
2. Coordinar
3. Convencer

Saludos.
Viridiana.

METÓDICO

Eres una persona estructurada. Muy buena para planear, organizar y realizar labores de coordinación. Piensas mucho para decidir, te gusta seguir tus criterios y lo establecido con anterioridad. Piensas que las cosas son mejor en orden y paso por paso. Administras perfectamente el espacio.

Características grafológicas: tu letra parece enmarcada en viñeta de lo ordenado que escribes en la hoja.

Arregla tu vida con Grafología

RESPONSABLE

Asumes tus actos y respondes adecuadamente ante tus obligaciones. Eres consciente de las consecuencias, no te echas para atrás porque eres fiel a tu palabra.

Tus características grafológicas son: letra con signos de puntuación debidamente utilizados; la firma es con nombre y apellido.

> Un abrazo fuerte, feliz, con mis mejores deseos. eres una gran Persona: un ángel

DECIDIDO

Tienes un carácter firme. Apto para tomar decisiones, agarras al toro por los cuernos.

Tus características grafológicas son: letra rápida, dirección ascendente, la barra de la "t" está hacia adelante, la presión es firme.

> ANDRESS MORALES
> Te AMO SUSANA

IDEALISTA

Eres una persona muy sensible. El mundo son tus ideas. Tus creencias en su mayoría son religiosas, filosóficas, políticas o sociales. Todo eso te importa más que el aspecto material. Antepones a todo tus principios y convicciones.

Tus categorías grafológicas son: predominan las letras altas sobre las bajas.

ENOJÓN

No diré más de lo que dice la RAE: "Que con facilidad se enoja; del verbo enojar, que significa irritar a alguien, ponerse furioso."

Tus características grafológicas son: letra angulosa, casi triangular, la presión es muy fuerte, hasta parece braille cuando tocas la hoja en la parte de atrás. Si tu letra tiene esta característica, por favor, no te vayas a enojar…

TERCO

Lo más chistoso del terco es que no reconoce ser terco, ¿verdad? Tienes como cualidad la tenacidad y firmeza en tus ideas, pero a su vez, tu debilidad es no escuchar a los demás, ¡deja de aferrarte a tus ideas!

Tus características grafológicas son: letra totalmente vertical.

Saludos a mi queridísima Familia: ¡Los quiero!

FLEXIBLE

Ser flexible es la capacidad de ceder ante uno y ante los demás. Si estás dispuesto al cambio considero que tienes una de las mejores características de personalidad. Es posible dialogar contigo, no te espantan las cosas nuevas. No te aferras al "No" ni te encierras en una idea.

Tus características grafológicas son: letra con inclinación a la derecha.

hola, buenas tardes
María Luisa

ENIGMÁTICO

Por más que lo intentemos, nunca sabemos en qué estás pensando, te envuelve un halo misterioso. Te sabes dueño de un importante tesoro que guardas en el silencio. Siempre eres indescriptible, pero posees una gran capacidad de respuesta. Tu encanto es esa curiosidad que nos genera saber más sobre ti.

Tus características grafológicas son: una firma en forma de hilo… no dice nada, sólo es una línea.

SENSUAL

La sensualidad no sólo es el placer de los sentidos, sino saber utilizarlos para provocar sensaciones y llamar la atención de los demás. Tú sabes mirar, hablar y tocar…

Tus características grafológicas son: letra con textura, es más ancha… no las palabras, las letras.

PARECE ENOJÓN, PERO TIENE CORAZÓN DE POLLO

¿Cuántas personas conoces que tienen cara de enojados y no lo están? Resultan ser súper dulces y hasta tiernos, pero con esa carita… pues uno piensa mal.

Si aparentas ser más serio, rígido y difícil de lo que realmente eres, descúbrelo: es un mecanismo de defensa para sentirte seguro y protegido.

Tus características grafológicas son: firma angulosa, la letra pequeña y redondeada.

Cuando me siento mal me gusta sentirme acompañado

MÁS ANALÍTICO DE LO QUE APARENTA

Eres súper sociable, te relacionas con habilidad y te muestras seguro. No lo aparentas, pero también eres demasiado introspectivo. Muy observador, sabes perfectamente qué quieren los demás y cómo lo quieren.

Tus características grafológicas son: letra pequeña y generalmente en mayúsculas; la firma es grande y redondeada.

El problema es que no sabíamos a que hora te ibas a regresar

Qué dice tu red social favorita sobre ti

Absolutamente TODOS usamos redes sociales. Son tan comunes que el tema parece sencillo y hasta cierto punto banal, pero no es así. Cada mañana al despertar lo primero que hace 80% de las personas es estirar la mano y revisar su celular.

Ahora cuéntame, cuando tú te levantas y revisas tu celular, ¿qué aplicación abres primero? ¿Te metes a Twitter, revisas tus WhatsApp, te la pasas en Facebook o amas las *stories* de Instagram? Así como todos somos diferentes, las redes sociales también. Existe una para cada quién.

En su mayoría usamos todas las redes sociales, pero quiero que pienses cuál es la que más usas. Cuando te levantas en la mañana:

- ¿Cuál es la primer red social que revisas?
- ¿Por qué?
- ¿Cada cuánto tiempo te conectas?
- ¿Cada cuándo publicas algo?
- ¿Qué tipo de post publicas?

TWITER

Eres una persona analítica y metódica, te gusta el contenido, tienes una enorme capacidad de síntesis, eres atento y te jactas de ser una persona objetiva e imparcial. Se dice por ahí que los más inteligentes usan Twitter, yo tengo mis dudas al respecto.

Twitter es la red social menos visual, sin embargo, deja más claro los detalles y es ideal para conversar. Si eres un buen platicador y una persona con gran necesidad e interés por comunicar, Twitter es tu casa. Eso sí, vives deprisa y tienes un problema de insatisfacción muy cañón.

INSTAGRAM

"Espejito, espejito, ¿dime quién es la más bonita?" No te enojes, pero todos sabemos que para publicar una foto te tomas veinte, no solamente te gustan las "selfis" sino que conoces perfectamente qué ángulo es el mejor para ti. Conoces cada rasgo de tu cara y estás al pendiente de cada nuevo filtro o retoque que te puedas hacer. Es la verdad, eres vanidoso, competitivo, impaciente y sumamente visual.

Por otro lado, evidentemente te relacionas con habilidad. Prefieres dominar, tienes una enorme capacidad de dar y generar cosas nuevas. Eres también de los valientes y atrevidos. Por cierto, la gente Instagram no es la más sexual pero cómo le encanta prender el boiler y no meterse a bañar.

FACEBOOK

¿Sabías que 80 % de nuestras conversaciones las dedicamos a hablar de los demás?, ¿sabías que 75 % de lo que nos pasa es una cuestión de interpretación personal más que una realidad?

Si tu red social es Facebook, eres amigable, pero te gusta el chisme y sabes todo de todo el mundo, eres experto para estalkear. Aunque debo reconocerlo, encontraste el equilibrio entre la vanidad y el contenido. En el fondo tienes un corazón de pollo y una sensibilidad para llorar horas simplemente por ver el video de un gatito, por supuesto también te gusta compartirlo.

TINDER

Puedes decir que no le tienes miedo a la vida, pero sabemos que evitas la realidad. Temes interactuar en persona con los demás, por eso te escondes detrás de una computadora, te define la inseguridad.

Aunque digas que amas la soledad y que una persona sola vive mejor, en el fondo no te soportas ni a ti.

WHATSAPP

Tu familia es lo más importante. No buscas relaciones a distancia, al contrario, estás al pendiente de la gente más próxima a ti.

Por alguna razón amas mandar cadenas. La gente te quiere tanto que no te bloquea, cuando comparten lo que tú sientes te responden y no te dan un "RT". Eres alegre, de buen corazón y tienes tu sensibilidad a flor de piel.

Dime qué publicas en tus redes y te diré quién eres

A través de las redes sociales expresas rasgos de tu carácter. Lo que escribes y publicas en Facebook, Twitter, Instagram, Google +…, define tu personalidad.

DOÑA SELFIE

Todas tus publicaciones son fotos tuyas o cosas relacionadas con tu belleza; tus amigos –obvio los más importantes– son tu mundo y tu estilo de vida.

Es claro que te quieres, tu autoconcepto es sano, pero eres vanidoso, egocéntrico, hipersensible, intenso y ambicioso. Te gusta reafirmarte y probarte constantemente.

ERES EL FAN #1 DE ALGUIEN

Tus neuronas espejo están ¡a todo lo que dan!

No es malo admirar a alguien –es un halago enorme para quien lo recibe–, sin embargo, no es sano darle más importancia a alguien que a ti. Bien dicen: "Te quiero mucho, pero me quiero más a mí." Es lo justo, quiérete más que a nadie.

EL CHISTOSO

¿Sabías que la risa es el mejor mecanismo de defensa?

Publicas videos, caricaturas y cosas que hacen reír. No te metes en conflictos ni buscas el hilo negro. La risa es tu mejor defensa. Actúas con inteligencia emocional. Haces reír, pero no ofendes ni insultas.

EL OPTIMISTA

"Todo vale la pena si te hace feliz." "La amabilidad es contagiosa." "Sonríe, después encuentras el motivo." ¿Te suena familiar?

Eres romántico y propositivo. Dices a los demás lo que esperas escuchar, es decir, lo mismo que tú te dices: "Sé feliz." Eres empático y optimista, estás en una constante lucha por ser mejor ser humano. Sabes que todo empieza en la cabeza.

EL DEFENSOR DE LAS CAUSAS SOCIALES

Desde indignarte por la situación del país, defender los derechos humanos o de los animales, incluso enojarte porque perdió la selección. Tu personalidad es idealista; eres terco, obsesivo y voluntarioso.

Tienes un gran espíritu de lucha, no te gusta ser testigo pasivo, deseas aportar algo constructivo, buscas contenido para nutrirte, sabes el valor de las redes sociales y estás consciente de sus repercusiones, por ejemplo, el impacto a nivel social que puede tener una publicación.

ESTALKER

Publicas poco, pero te enteras de todo. Estás al tanto de tus amigos de la primaria, secundaria, prepa, de las ex parejas de tu pareja, las revistas sociales y de chismes. Pasas horas viendo y analizando perfiles ajenos, a veces sientes lástima, coraje, envidia... ¡Pero lo sabes todo de todos! Y ésa es tu adicción.

POETA

La realidad se contradice con la teoría que está en tu cabeza.

Neruda, Benedetti y Joaquín Sabina están presentes en tus publicaciones, eres romántico, analítico e idealista. A muchas mujeres nos gusta ese estilo. La caballerosidad y el romanticismo ¡nunca pasarán de moda!

Seguro te sigo o ya te di un like.

EL ANTRERO

Estás en los mejores eventos ¡obvio!, dicen "¡Fiesta!" y sales tú, eres el ajonjolí de todos los moles. Te gusta dar una buena imagen, tienes inteligencia social, eres agradable, pero por estar tan metido en la fiesta no siempre te toman en serio. Sin duda tienes la capacidad, pero mucha gente cae en estereotipos y piensa mal de ti. Le temes a la soledad y te importa lo que digan de ti.

EL CRÍTICO QUE NO USA SU NOMBRE NI FOTO REAL

Si tus tweets o publicaciones son de puras críticas −en dos de cada tres haces comentarios negativos−, demuestras tu inconformidad, pero también tu impotencia. La crítica social es necesaria pero no puedes negar que en este país también pasan cosas buenas. Evidentemente estás más enfocando en lo malo que en lo bueno, así ves la vida. Escribes y criticas mucho, ofendes y lastimas.

Las redes sociales y el anonimato te dan la seguridad que te falta en la vida real. Te escondes para decir lo que no te atreves de frente por miedo, timidez, inseguridad o sabrás tú qué razones más.

Tu imagen de perfil es un huevito, porque justo eso es lo que te falta.

EL ENAMORADO

Para ti las redes sociales se reducen a una persona: a la que siempre le escribes, en la que piensas todo el tiempo. Estás enamorado, no hay de otra, ¡disfrútalo! Ya sabemos que el amor es la fuerza que mueve al mundo, es la energía vital, la ilusión y la fuerza que nos permite embellecer la vida.

Pero si ves que jamás te contesta el amado, con mucha pena te digo, estás haciendo el ridículo, ¡deja de hacerlo! Pasaste de enamorado a perdedor.

LA DRAMA QUEEN

"Omg…", "es el peor día de mi vida", "muero de hambre", "me congelo de frío", "es lunes… ¡no!" ¿Te suena?

Te pueden tachar de superficial y exagerado, entérate, sí es verdad: tiendes al narcisismo y al egocentrismo, aunque súper intenso y divertido también. Vivir contigo es una aventura con altibajos, la comedia involuntaria es tu fuerte.

EMPRESARIO

Usas las redes sociales para publicitarte, eres inteligente, estratega y sagaz. No das paso sin huarache. Inteligente, buen negociador y visionario. Tu amor es el dinero, tu pasión el reconocimiento, tu miedo el fracaso.

DON RT

Te gusta estar informado, te enteras de todo, eres curioso. Por momentos llegas a ser metiche.

Tienes buena memoria, eres generoso, honesto y buen conversador. Das el crédito a quien lo merece.

¿Cuántas veces mientes al día?

Vivimos en una sociedad donde la mentira es una costumbre y la verdad un atrevimiento.

¡Mentimos entre 10 y 200 veces al día! Pamela Meyer, autora de "Liespotting: Proven Techniques to Detect Deception", y Susan Carnicero, ex agente de la CIA, explican que todo el tiempo encubrimos la verdad con tal de decir aquello que se considera aceptable, o lo que la gente espera oír.

Susan Carnicero pasó más de veinte años interrogando, entrevistando y haciendo pruebas de poligrafía a sospechosos, así aprendió un sinfín de cosas sobre cómo detectar a un mentiroso.

Por ejemplo, descubrió que las señales no verbales son fundamentales para determinar si una persona miente o no. Ella recomienda prestar atención a las siguientes señales:

• **Hacer una pausa.** Si a una persona le hacen una vaga pregunta como: ¿Qué estaba haciendo en tal lugar años atrás? lógicamente habrá una pausa antes de que nos responda. Sin embargo, si la pregunta es: "¿Robó un banco hace diez años?", deberían responder de inmediato, una demora es indicio de que la persona está mintiendo.

• **Disociación verbal–no verbal.** Si una persona asiente con la cabeza mientras dice que no, o niega con la cabeza al decir que sí, claramente es una disociación atípica. En ciertas culturas existen excepciones, porque asentir con la cabeza no necesariamente significa una respuesta afirmativa.

• **Movimientos de punto de apoyo.** Otro indicio es el movimiento en un "punto de apoyo": como los pies en el piso, los brazos en un escritorio o incluso un pie colgando si cruza las piernas.

• **Gestos de cuidado personal.** Enderezarse la corbata u otra prenda, arreglarse el cabello, colocarse correctamente los anteojos o jugar con los puños de la camisa pueden ser formas inconscientes en que una persona trata de calmar su ansiedad. Tragar saliva antes de responder, también se considera un indicador de engaño.

• **Tocarse la cara con las manos.** Si una persona se lleva la mano a la boca, humedece sus labios, se jala la oreja o toca de cualquier forma su cara o cabeza, es otra conducta atípica. Pero ¿por qué sucede esto? Susan Carnicero opina que la razón es sencilla, le preguntamos algo a un mentiroso y la pregunta le genera ansiedad porque responderla con la verdad sería para él incriminatorio, entonces el sistema nervioso autónomo trabaja para disipar la ansiedad: drenar la sangre de las superficies de la cara, oídos y extremidades, esto propicia una sensación de frío o picazón. Sin que la persona se dé cuenta, sus manos se dirigen a esas áreas.

Todos mentimos, no hay quien se libre en este asunto. Quien diga que nunca ha mentido, no dice la verdad, o no es humano. Uno de los mecanismos de defensa más interesantes de la naturaleza humana es la mentira, porque mentimos para adaptarnos al medio, para convencer y sentirnos aceptados. Además, siempre es mejor conocer las verdaderas intenciones del que tenemos frente a nosotros: si nos miente y, sobre todo, cuáles son sus tácticas para enmascarar la verdad.

La mentira se va perfeccionando con los años: en los niños inicia como omisión, incluso agachan la cabeza cuando lo hacen o miran hacia otro lado; al crecer la mentira se elabora mejor. Por ejemplo, el buen mentiroso te mira a los ojos, sostiene la mirada e inspira confianza.

Existen tres tipos de mentirosos:

RACIONAL

Son encantadores, tienen gran inteligencia verbal, convincentes y persuasivos, saben mirarte a los ojos. Se ganan nuestra confianza. Sus manos refuerzan lo que dicen sus palabras, tienen el tono de voz exacto. Todo lo tienen fríamente calculado. Son excelentes vendedores, actores, incluso… políticos, sí, aunque nos cueste trabajo creerlo.

¿Cómo escriben? Grande, extendido, y a veces hasta envuelven la letra. Escriben rápido, con cortes entre las palabras porque deben ser muy intuitivos. Tienen esa "a" con colita de alacrán.

Feliz Navidad

EMOCIONAL

Sí, el de la mentira piadosa, el que no quería mentir, el que sólo trataba de evitarte un enojo, un problema, o una preocupación. Es fácilmente detectable porque se tapa la boca, se toca la nariz, mueve exageradamente las manos, se frota los ojos; muchas de estas acciones son inconscientes. Usa expresiones como: "Este…, mmm…", "es que…, bueno…".

¿Cómo escribe el mentiroso emocional? Su letra es exageradamente vertical, legible y de tamaño medio o pequeño.

Arregla tu vida con grafología

CONDUCTUAL

Habla o actúa de forma deliberada para aparentar lo que no es en realidad. Es aquel que te quiere impresionar o ligar y dice de pronto cosas verdaderamente incoherentes.

¿Cómo escriben? Redondo y grande, en algunas ocasiones la letra tiene apariencia infantil.

officer job. I may be nine but I think I would be fit for the

¿Por qué mentimos?

Los motivos son diversos, a veces por conveniencia, diplomacia, para evitar un castigo, dar una buena impresión o evitar explicaciones innecesarias y engorrosas. Incluso parece que mentir es esencial para lograr una adaptación al entorno social: a veces los niños comienzan a mentir entre los dos y tres años alentados por sus padres que los animan a adoptar un comportamiento cortés –agradecer un regalo no deseado, por ejemplo–.

Algunos estudios demuestran que los niños de cuatro años mienten al menos una vez cada dos horas, y los de seis mienten aproximadamente cada 90 minutos. A partir de los siete años, el niño admite tener y encubrir pensamientos secretos, aprende a poner caras o emociones falsas para hacer creíble su mentira.

Robert Feldman, profesor de Psicología de la Universidad de Massachusetts, mostró con qué facilidad nuestras conversaciones más casuales están plagadas de verdades incompletas. Para ello, pidió a dos desconocidos sostener una conversación informal durante diez minutos. Robert Feldman repitió el experimento con varias parejas. Al término, los participantes manifestaron ser completamente sinceros en la conversación. Pero después de que escucharan la grabación, todos quedaron asombrados al ver cuánto podían mentir en apenas diez minutos: 60 % lo hizo en al menos una ocasión. Otros estudios muestran que 80 % de quienes participan en las encuestas psicológicas, miente para mostrarse más inteligente y atractivo.

La sinceridad de los seres humanos

Investigadores de la Universidad Autónoma de Madrid y de Quebec, en Montreal, buscaron las causas de por qué la gente se muestra sincera.

Partieron del supuesto de que decimos la verdad únicamente para obtener un beneficio material, pero luego consideraron que algunos mostramos una aversión a la mentira y estamos dispuestos a decir la verdad, aunque eso suponga un costo material, entonces los investigadores tuvieron en cuenta otra hipótesis: somos sinceros porque así lo aprendimos y evitamos mentir para no sentir emociones negativas como la culpa o la vergüenza. El altruismo o el compromiso de no defraudar las expectativas del otro, también son razones que nos motivan a decir la verdad.

Ante tal contrariedad, los investigadores decidieron realizar un experimento. Pusieron a prueba a un grupo de personas, les plantearon el dilema de mentir para ganar más dinero o no hacerlo a costa de ganar menos. El resultado fue que 40% dijo la verdad y no se dejó llevar por un beneficio material.

Los expertos introdujeron también otras variables y descubrieron que ni la tendencia religiosa, ni el género, ni la preferencia política se relacionaban con la honestidad, caso contrario con el tipo de estudios: la gente de disciplinas económicas y empresariales mentía más.

Al final, analizaron las expectativas que la gente sincera y los mentirosos tenían: "Vimos que la gente honesta cree que los demás son honestos, mientras que los deshonestos suponen que los demás también van a mentir."

Qué tal anda tu relación

En tu relación... ¿Amas, maltratas o te maltratan? Antes de que continúes leyendo, escribe tu nombre y el de tu pareja.

¿Cómo saber si amas?

1. Imaginas un futuro juntos.
2. Te acuestas y te levantas pensando en él.
3. Haces tiempo para estar con tu pareja.
4. Tu imaginación se dispara (para bien y para mal).
5. Te fascina su forma de ser.
6. Te hace reír.
7. De pronto no te interesa nadie más.
8. No tienes miedo de que el mundo sepa lo que sientes por él.
9. Te sientes feliz porque él existe.
10. Terminas sintiendo que es tu mejor amigo, compañero, cómplice...

Si tu amor es sincero, escribiste su nombre más grande, redondeado, incluso adornado.

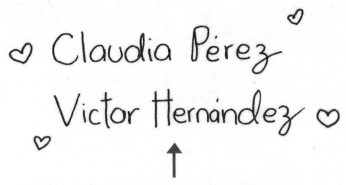

Del mismo tamaño equilibrio perfecto

¿Cómo saber si eres violento con tu pareja?

1. Hay poca cooperación.
2. Aplicas la "ley del hielo".
3. Habitualmente usas el sarcasmo o la burla.
4. Dices las siguientes frases: "Estoy ocupado", "¿por qué tienes que hablarme ahora?", "siempre arruinas todo"
5. "Mi ex era…, hacia…, lograba…, en cambio tú…"
6. "¡Si no te gusta, vete!"
7. "No sé por qué acabé contigo, podría estar con alguien más."
8. "Si no fuera por mí, ¡no tendrías nada!"

Seguramente juntaste las letras de su nombre y lo hiciste pequeño; mientras que el tuyo es grande y anguloso.

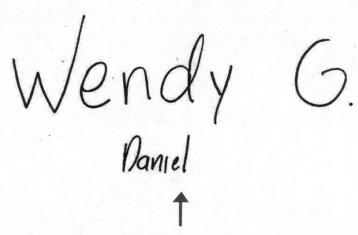

Tú maltratas, escribes tu nombre más grande
y anguloso, y el de tu pareja más pequeño

¿Le tengo miedo a mi pareja?

Me siento mal, o tengo miedo cuando mi pareja…

1.– Se enoja, se pone agresiva, golpea objetos; me levanta la voz y me amenaza.
2.– Maneja mi dinero, me cuenta hasta el último centavo.
3.– Se burla y hace bromas cuando estoy triste.
4.– Me dice que hago puras tonterías o que, si no me gusta, me largue.
5.– Critica mi cuerpo.
6.– Critica a toda mi familia, más a mi mamá.
7.– Me hace sentir inferior.
8.– Es indiferente y no me habla por mucho tiempo a pesar de mis intentos por arreglarlo.
9.– Yo siempre pido perdón.
10.– Me obliga a tener relaciones.

¿Ya viste cómo escribiste su nombre? Anguloso y más grande que el tuyo. Ahora sabes cómo va tu relación.

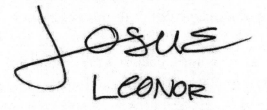

Las relaciones enfermizas son las que nos hacen sentir mal. Si sientes miedo o angustia cuando tu pareja se molesta por cómo te vistes o lo que haces, tu relación está mal. No te desanimes, se puede arreglar.

Los secretos ocultos detrás de tu color favorito

Nuestra mayor debilidad es rendirnos.
La forma más segura de triunfar es intentarlo una vez más.
THOMAS A. EDISON

¿Qué color te conviene usar en una entrevista de trabajo? ¿Qué color es el mejor para ligar? ¿Qué color atrae la calma? ¿Cuál te hace engordar? Cada color tiene un mensaje, un significado, incluso un uso oculto y distinto.

Los colores tienen poder e influencia sobre nosotros: comunican emociones y sensaciones. Crean necesidades. Otras veces curan, devuelven energía o dan calma. Reaccionamos más rápido a los colores que a las palabras.

En grafología, los colores reflejan una acción inconsciente: para elegir algo, demostrar una idea, una emoción o un sentimiento. Pero también funciona a la inversa, cuando de forma consciente decidimos de qué color queremos pintar nuestra vida.

Ahora que lo sabemos, podemos programarnos con un decreto usando ese color para hacer cambios en nuestra persona y sentirnos mucho mejor: el color penetra en la mente y en el inconsciente, se convierte en un estímulo directo.

El color es procesado por la mente en 90 segundos, incluso las encuestas de mercadotecnia aseguran que al comprar algo nos basamos en el 80% del color de la envoltura.

ROJO AMARILLO NARANJA AZUL

VERDE MORADO NEGRO

NEGRO-ROJO ROSA BLANCO

Empecemos, escoge un color… ¿Listo?

ROJO

Si escogiste el rojo significa que eres una persona vital y enérgica. Es el color de la ambición, seducción y seguridad. Es el más violento, pero también el más dinámico. Te impulsa a hacer las cosas y te lleva a la acción. En restaurantes de comida rápida se usa el rojo para aumentar la presión cardiaca y la impulsividad, así los clientes consumen más, en menos tiempo.

Quienes visten de rojo son más activos, sin embargo, usar en exceso el rojo es contraproducente porque es el primer color que llega a la mente humana y a veces resulta agresivo. El rojo mejora la circulación, acelera el metabolismo, da poder, fuerza y pasión.

¿Para qué sirve el rojo? Para estimular. Úsalo si te sientes cansado y lo que quieres es moverte, despertar, llenarte de energía y sentir gran confianza en ti.

Ahora escribe todos los días en color rojo:

"MI LETRA ES SEGURA COMO YO SOY."

AMARILLO

¿Quieres presentar un nuevo proyecto? El amarillo puede ser tu aliado para demostrar inspiración, creatividad y ganas de hacer las cosas. Estimula la mente y te vuelve una persona propositiva. A veces nos da pena decir lo que pensamos o hablar con pasión sobre las cosas nuevas, este color te ayuda a resolverlo. El amarillo es vibrante, luminoso, crea luz, calor y abundancia.

Tan es así, que es el color del dinero. Si quieres abundancia, tira tu tinta negra y escribe en amarillo lo siguiente:

"MI LETRA ES PASIÓN COMO YO SOY."

Para lo que quieras hacer, la pasión es el motor de la innovación. Es el color de la voluntad y del poder. No lo olvides, la pena lo estanca.

NARANJA

¿Escogiste Naranja? Es el color de la diversión y la alegría. Acelera el ritmo cardiaco, pero no aumenta la presión sanguínea. Para romper el hielo, es el mejor de los colores. Es alegre sin intimidar −como lo puede ser el rojo−. Eso sí, cuando estás a dieta, es el peor de los colores porque da hambre.

Para aprovechar su poder escribe lo siguiente:

"MI LETRA ES DIVERTIDA COMO YO SOY."

AZUL

Es un color que da armonía y una sensación de eternidad. Se percibe como inteligencia, fuerza, pero sobre todo liderazgo. Por eso, es el mejor color para entrevistas de trabajo. Refleja seriedad, pero también frescura.

¿Has visto dulces en color azul? Claro que no, porque es un color que calma, da objetividad y te hace tener mayor claridad de ideas. El azul es el color para la dieta y las entrevistas de trabajo. Además, es un color de seguridad y formalidad; sobre todo, te hace notar como un líder sin perder frescura.

Si lo que quieres es ejercer tu liderazgo y ser imparable con paso firme, empieza a escribir en azul:

"MI LETRA ES IMPARABLE COMO YO SOY."

VERDE

Es la calma. La confianza que sólo el reposo y la tranquilidad nos pueden dar. El verde es el color de la esperanza, de lo natural, de la tierra y la fe. Por eso muchas banderas llevan el verde, porque refleja ese compromiso con la verdad. También los anuncios de ecología y concientización lo llevan.

El verde es la naturaleza. Calma el ritmo cardiaco y, dependiendo del tono, puede curar, ya que el verde regenera.

Tu decreto será:

"MI LETRA ES CONFIABLE COMO YO SOY."

MORADO

Dicen que es un rojo enfriado. Da fuerza y logra cambiar el sentido. Es transformación y apertura, pero también es el color que necesitas cuando quieres enfocarte en un cambio de vida. Si cambias de trabajo o de pareja, si no te sientes aún con la fuerza para dar el siguiente paso, usa color morado.

Si tuviste pérdidas, alguien te lastimó, terminaste con tu pareja, estás en proceso de un cambio o tuviste que reinventarte, el morado te ayudará a estimular tu inteligencia y sensualidad; contribuirá al cambio, de adentro hacia afuera.

¿Quieres cambiar?, escribe:

"MI LETRA SE TRANSFORMA COMO YO."

NEGRO

Cuando un niño dibuja en negro nos espantamos, pero no hay por qué. El negro es elegancia, distinción, énfasis, sobriedad, necesidad de espacio y es importante para concretar. No necesariamente representa la muerte, ni la soledad, pero sí el misterio. Es un color que sólo requiere un segundo para ser procesado. Hace contraste. Es un color que encoge; lo contrario del blanco que da amplitud.

Pero también puede ser amor y respeto a uno mismo y a lo que se hace. Si sientes que te falta amor, escribe en negro. Que no te detenga ni te espante el color:

"MI ESCRITURA ES AMOR COMO YO SOY."

NEGRO - ROJO

En la dinámica hubo un rebelde que no se conformó con un color y decidió escoger dos. Usar negro con rojo es una combinación que nos invita a competir y combatir, a no cansarnos, no darnos por vencidos; el rojo da energía y el negro distinción y poder, ¡que combinación! ¿no?

Si vas a enfrentar un nuevo reto o una competencia, mezcla estos dos colores en tu decreto:

"MI LETRA ES COMO YO SOY."

ROSA

Es un color romántico, delicado, suave. Si andas muy irritable, de malas y hablas muy directo, usa el color rosa para reflejarcalma; es protección y reflexión, el color del cuidado y la prevención.

Expresa romanticismo, ilusión, tranquilidad, mucha calidez y dulzura. Escribe el siguiente decreto:

"MI LETRA ES DULCE COMO YO SOY."

BLANCO

Es equilibrio, paz y amplitud. En la ropa engorda, en la casa da calma.

Usa el decreto:

"MI LETRA ES EQUILIBRADA COMO YO SOY."

Y, sobre todo, si quieres sobresalir, no uses el color gris, porque es como la "h": no suenas y, por lo tanto, no existes.

¿Por qué el decreto debe ser en siete palabras? Porque es el número de palabras que procesa la mente humana.

Amor propio de una vez y para siempre

Contesta esta encuesta de la felicidad y descubre qué tan feliz o infeliz eres:

- Cuando alguien te dice: "¡Qué bien te ves!" "¡Qué linda!" "¡Qué guapo!" ¿Qué respondes?
  A. Doy las gracias y sonrío.
  B. Me da pena, pero acepto el cumplido.
  C. Lo niego rotundamente.

- Mi trabajo...
    A. Me gusta mucho.
    B. Lo tolero, no me encanta, pero está bien.
    C. No lo soporto.

- Practico mis pasatiempos...
    A. Más de dos veces por semana.
    B. De vez en cuando.
    C. Realmente nunca.

- Mi relación con mi familia es...
    A. Unida.
    B. Con altas y bajas.
    C. Complicada.

- Por lo general duermo...
    A. Bien.
    B. No descanso lo suficiente.
    C. Duermo muy mal.

- Mi vida sexual es...
    A. Plena, satisfactoria, divertida, sana y feliz.
    B. Normal, nada extraordinario.
    C. No tengo vida sexual.

- ¿Te ríes más de lo que te enojas?
    A. Me río más de lo que me enojo.
    B. A la par.
    C. Me enojo más de lo que me río.

- ¿Me gusta mi cuerpo?

    A. Me gusta mucho, lo acepto, aunque no es perfecto.

    B. Me molestan mis imperfecciones.

    C. No me gusta.

- Cuando a alguien le va bien...

    A. Me alegra mucho.

    B. Depende la persona.

    C. No me alegra, ¿para qué mentir?

- Hablando de dinero...

    A. Me gusta mucho, pero no me quita el sueño.

    B. Necesito más dinero.

    C. En esta vida todo es dinero.

- Ser exitoso es...

    A. Ser feliz.

    B. Que los demás te reconozcan, tener prestigio.

    C. Cuestión de suerte.

Listo, ¿cuántas "A", "B" o "C" tuviste?

Mayoría de "A"

Eres feliz. Para ti la felicidad es una forma de vida, no esperas las situaciones perfectas. Estás enfocado en la realidad, disfrutas el momento y la salud de tu cuerpo; tu trabajo y tu relación con el dinero es sana. Tienes inteligencia emocional, sin duda la más importante, ya que te ayuda a afrontar cualquier situación.

Mayoría de "B"

Para ti la felicidad no es una forma de vida, piensas que sólo existen ciertos momentos felices. Te preocupas mucho y de forma exagerada, le das mucha importancia a los demás. La presión social te oprime y no te deja ser.

Mayoría de "C"

Todos lo sabemos y tú también, no eres feliz.

Pero, ¿cómo ser más feliz?

La felicidad no la encontrarás en las personas que te rodean: tu pareja, tus papás, tus amigos, tu familia; la felicidad está en ti y debes compartirla. Te doy algunos tips para que te sientas seguro, valorado y realmente feliz, sin mentiras ni máscaras:

1. Agradece por lo que tienes y lo que eres. Tomarse el pulso es un milagro.
2. Date ese gusto: ve al cine, haz el amor, cómete ese chocolate...
3. Ríete de tus defectos.
4. Olvídate del pasado y del futuro, disfruta tu presente.
5. Sonríe y ríete más, sobre todo de ti.
6. Camina derecho, no con la cabeza hacia abajo y lento, sino con fuerza y la frente en alto.
7. Perdónate, no eres perfecto –eso no existe–, eres único y diferente; recuerda, la gente normal es aburrida.
8. Usa el color naranja, es una tonalidad que da alegría.
9. Empieza a escribir y a firmar hacia arriba. Abajo, un ejemplo.

Perdona a tu pasado: a quien te hizo daño y a ti

Con los años te das cuenta de que infancia es destino. Cuando cumples siete años el cerebro establece parámetros de normalidad, es decir, ante constantes situaciones de estrés tu cerebro produce diversas sustancias químicas, como el cortisol, de esta manera logramos acostumbrarnos a los ambientes violentos; imagínate: todo queda como un tatuaje en tu cuerpo. Sin embargo, gracias a la plasticidad cerebral podemos generar nuevas sustancias químicas en nuestro cerebro para así transformarnos desde adentro. Una infancia infeliz también puede ser la oportunidad de cambiar y crear un proyecto de vida distinto para buscar quien deseas y mereces ser.

El amor propio se construye en la infancia, generalmente con los padres. No los responsabilices si no actuaron como esperabas, ellos no son buenos ni malos, hicieron su mejor esfuerzo y de la manera en la que lo entendieron. Sea cual fuere el resultado no puedes acostumbrarte a vivir mal, debes aprender a pensar bonito. Pero ¿qué es pensar bonito? Pensar bien, ser inteligente y objetivo.

El amor propio puede aprenderse a cualquier edad. Con nuevos pensamientos y nuevos hábitos puedes reconocer y cuestionar aquello que te enseñaron y repites sin saberlo. Recuerda, todo eso no es una ley sino formas de vida. Cada quién es libre de escribir su vida como se le antoje.

A partir de este momento olvídate de esas telarañas mentales y cualquier otra crítica: que por gordo, que por flaca, que por moreno, que por fea, porque te casas, porque te divorcias... ¿cuál es el estado ideal de una persona? Mi respuesta: feliz. Y justo por eso vamos a hablar del amor propio.

Te educaron para tener pena.

Te educaron a través de la culpa.

Te educaron para evitar ser criticado.

Te educaron para caer bien.

Te educaron para amar a los demás.

Te educaron para verte bien.

Te educaron para respetar.

Pero, ¿quién te educó para ser feliz? La vida es la escuela que te enseña a ser feliz.

Vamos a sanar desde adentro

Escribe una carta a tu mamá y a tu papá. En esa carta piensa en las conductas que tienes parecidas a ellos y no te gustan.

¿Estás enojado con ellos? ¿Consideras que tu éxito o fracaso tiene que ver con lo que hicieron tus papás? ¿Te hicieron sentir una persona fuerte y poderosa o te hicieron sentir como un perdedor que debe rendirle culto a los demás? ¿Cómo te hablaron tus papás, tus hermanos, tus tíos? ¿Consideras que alguna situación te molestó, lastimó tu autoestima o moldeó tu amor propio?

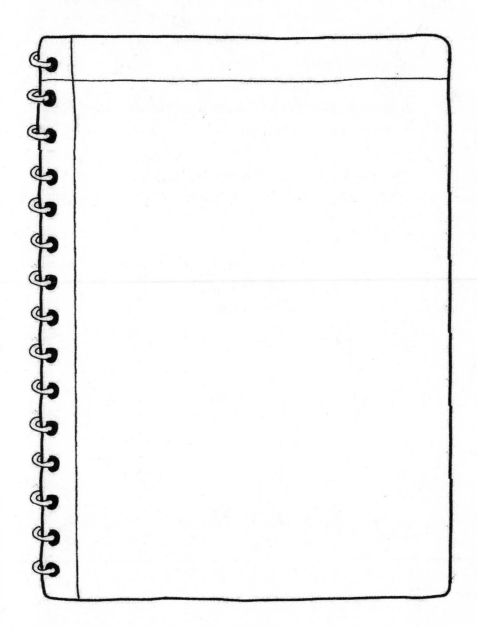

¿Ya lo escribiste? Ya lloraste... ¿verdad? Estás limpiando tu alma. Ahora respóndete las siguientes preguntas:

- ¿Crees que tus padres, hermanos y familiares lo hicieron para molestarte?
- ¿Crees que fue a propósito?
- ¿Crees que no te querían o que su manera de querer no era la que tú esperabas?

Sea lo que sea, ¡ya pasó y sobreviviste! La prueba es que estás aquí, leyendo esto. Ahora escribe en morado –que es el color del cambio–.

Te perdono mamá.
Te perdono papá.
Soy libre.

2

¿QUIÉN QUIERES SER?

Empezamos con esto que se llama grafoterapia

Walter Riso dice que la mente humana tiene una doble potencialidad, en ella habitan el bien y el mal, la locura y la cordura, la compasión y la impiedad. Por eso, tenemos la capacidad de realizar actos nobles y bondadosos, así como actos viles y perversos. Está en cada uno la posibilidad de salvar o matar, experimentar la felicidad más dichosa o deprimirse hasta el suicidio.

Sin duda alguna tiene razón, por eso siempre me quejo de esas recetas mágicas: "Sólo sé optimista." Cuando te sientes mal o te deprimes, no esperas recibir consejos para arreglar tu vida, al contrario, te choca que te lo digan. A ti y a mí nos consta que la vida es más compleja, no podemos sonreír y andar por la vida fingiendo que todo es perfecto como si fuéramos súper fuertes y súper poderosos todo el tiempo. Es necesario sentir todas las emociones. Experimentar todos los estados de ánimo es un derecho fundamental.

Estos capítulos son el manual para arreglar tu vida a través de la grafoterapia. Mientras escribes cambias tu vida, aprendes a pensar y a liberarte de las trampas que tu mente te pone. Decir: "Soy un tonto", "soy una estúpida", "no tengo la capacidad", "tengo un cuerpo espantoso", "estoy deforme", "soy horrible", "soy un completo idiota", "soy una fracasada", es más que un comentario al aire, es una etiqueta, casi un credo al cual le rezamos con fe para volverlo realidad.

Si todo esto te suena, debes continuar leyendo. ¡Adiós tristeza!, vamos a prepararnos para pensar bien, ser más fuertes y más poderosos en cualquier aspecto. Los primeros capítulos de este libro te dijeron quién eres, ahora sabrás qué hacer con lo que eres.

Empezamos:

¿Te la pasas pensando que todo lo malo te puede pasar?

Para conocer tu grado de ansiedad, contesta "Sí" o "No" a las siguientes preguntas:

1   ¿Te muerdes las uñas, te jalas el pelo, tienes pellejitos en las manos?
2. ¿Hablas y comes demasiado rápido?
3. ¿De repente sientes mucho miedo y angustia y no sabes ni por qué?
4. ¿Te tocas la cabeza constantemente?
5. ¿Sueles despertarte en la noche asustado?
6. ¿Tienes ascos, colitis, gastritis, úlceras o alergias?
7. ¿Te sientes alerta constantemente?
8. ¿Piensas que lo peor puede pasar en cualquier momento?

Si mínimo contestaste "Sí" a tres preguntas, seguramente tienes un problema de ansiedad.

De acuerdo con Augusto Cury, hoy en día la ansiedad alcanza al 80 por ciento de las personas de cualquier edad.

La ansiedad es normal, forma parte de la vida, por ejemplo: sientes ansiedad al salir de noche en una calle poco concurrida, en una entrevista de trabajo, cuando conoces a tus suegros, si te casas o divorcias. La ansiedad es un estado mental, genera inseguridad, nerviosismo, angustia e inquietud. Existe la ansiedad adaptativa y la patológica, la primera es natural y se presenta cuando te enfrentas a un momento de tensión, la segunda es un problema crónico, es decir, te sientes preocupado y ansioso constantemente casi por todo.

Esos pensamientos donde todo lo malo te puede pasar es ansiedad patológica. Pero vamos a arreglarlo. A partir de hoy no digas "soy ansioso", quítate ese credo de la mente. Escribe qué situaciones, personas o cosas te generan ansiedad. Te cuento la mía: yo siento mucha angustia cuando pienso en mis deudas y no sé cómo pagarlas ¿Y tú?

Ahora contesta:

1. ¿Tu problema ya sucedió? ¿O es sólo una posibilidad?
2. ¿Qué sería lo mejor que puede pasarte?
3. ¿Qué debes hacer para realizarlo?
4. ¿Puedes controlar el suceso? ¿Está en tus manos?
5. ¿Tienes un plan "B"?
6. ¿Cuál es y cómo lo llevarás a cabo?

Mi mamá dice: "Ocúpate y no te preocupes." Si aquello que te preocupa está en tu control, escribe con azul qué puedes hacer para calmarte.

Cuando tengas pensamientos de ansiedad y el problema esté en tus manos, escribe con calma en una hoja dos soluciones.

Nuestro cuerpo construye pensamientos desde la información que está en nuestra memoria, todas las ideas nacen de la unión entre estímulos externos y la lectura de memoria. No lo olvides, somos lo que pensamos. Si pensamos diferente calmamos nuestra mente, si calmamos la mente, calmamos la vida.

Grafoterapia

Escribe 21 renglones por 21 días: "Mi letra es paz como yo soy paz." Escribe despacio y concéntrate en la idea. Haz tu grafoterapia; poco a poco desaparecerán esas ideas. Ya sabes, 21 días sin parar.

Mi letra es paz como yo soy paz

1. _____
2. _____
3. _____
4. _____
5. _____
6. _____
7. _____
8. _____
9. _____
10. _____
11. _____
12. _____
13. _____
14. _____
15. _____
16. _____
17. _____
18. _____
19. _____
20. _____
21. _____

Colorea esta mandala en color azul y verde claro:

Despreocúpate: si te calmas tú, se calma el mundo

El estrés puede regularse conociendo cómo se genera
y cuáles son sus consecuencias.
MIRIAM MALTOS, DGDC–UNAM

¿Estás estresado? ¿Te suena familiar algún síntoma?

EFECTOS COMÚNES DEL ESTRÉS EN...		
El cuerpo	*El estado de ánimo*	*El comportamiento*
Dolor de cabeza.	Ansiedad.	Arranques de ira.
Dolor en el pecho.	Agitación.	Retraimiento social.
Malestar estomacal.	Agobio.	Pasividad.
Falta de deseo sexual.	Irritabilidad o ira.	Consumo de alcohol y tabaco.
Fatiga y falta de sueño.	Tristeza o depresión.	Comer en exceso o poco.
Tensión o dolor muscular.	Falta de motivación o de concentración.	Abuso en el consumo de drogas.

¿Qué pasa en tu cabeza cuando estás estresado?

El estrés es una respuesta natural de tu organismo ante situaciones que puedan lastimarte, tanto física como emocionalmente. Su finalidad es la de preparar a tu cuerpo –incrementa el ritmo cardiaco, aumenta la concentración, los reflejos, incluso la fuerza y agudiza la visión– para defenderse o escapar de la amenaza a la que se enfrenta.

Por ejemplo: cuando vas a cruzar la calle, si un perro muy bravo te persigue, o justo el instante cuando tropiezas y te perfilas para caer al suelo –estos son de tipo físico–. Pero también nos genera estrés: no saber cómo pagar nuestras deudas, cuando estás a punto de resolver un examen, o si le tienes pavor a los ratones y te encuentras con uno en tu recamara –estos son de tipo emocional–.

Pero, ¿cómo se genera el estrés? La doctora Mariana Gutiérrez Mariscal, psicóloga experta en neurociencias, explica que ambos tipos –aunque mayormente el físico– activan la región del tálamo, que es el puente sensorial entre el medio ambiente y nuestro cuerpo. Este órgano se comunica con el hipotálamo, responsable de indicar a nuestro cuerpo cómo responder ante la amenaza –huir, mantenerse a la expectativa o luchar–. ¡Imagínate! el hipotálamo es como el director de una orquesta, recibe diversas señales y lo que él manda se realiza.

Una vez que el hipotálamo está listo para generar la conducta adecuada, manda una señal a la glándula pituitaria, y ésta a las glándulas suprarrenales. Dichas glándulas generan una hormona llamada cortisol, la cual suprime la digestión, desconecta el sistema reproductivo y debilita el sistema inmunológico entre otras funciones, con la finalidad de enfocar toda la energía y la atención del organismo para generar la respuesta que asegure la supervivencia.

Otra de las estructuras cerebrales que juega un papel importante en este proceso es la amígdala, participa con el hipotálamo para decidir la respuesta hormonal y conductual propicia para liberarse de la situación de estrés; además es como una memoria, establece y guarda la información conveniente para que el cuerpo esté preparado para actuar cuando se presente una situación similar.

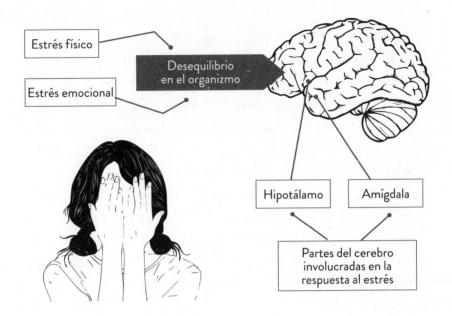

Pero, ¿cómo vencer el estrés?

El tiempo para relajarte es cuando no tienes tiempo para ello.
JIM GOODWIN

Cuando no puedas más, estés a punto de un ataque, antes de que te estalle la cabeza y quieras mandar a todo el mundo a volar... respira y regálate cinco minutos. Puedes escuchar un poco de música, arreglar tus plantas –despacio y bonito–, o hacer ejercicios de palitos y bolitas, sí, como en el kínder, ¿te acuerdas? Esos ejercicios te ayudan a calmar tu mente:

Pero antes te recomiendo lo siguiente:

RESPIRA TRES VECES

La respiración es indispensable para reducir el estrés. Coloca tu mano sobre tu estómago, no lo sumas. Respira profundamente, piensa en tu respiración, siente tu cuerpo, percibe como entra el aire y oxigena tu cerebro y todo tu cuerpo.

PONTE FLOJITO, RELAJA TUS MÚSCULOS

Un masaje sería maravilloso, pero, si al igual que yo, no está en tus posibilidades acudir a un spa, no te preocupes. Estira todo tu cuerpo, moja una toalla con agua fría y caliente, póntela en las zonas que sientas más tensas. Olvídate de esas cuentas que debes pagar, sólo relájate.

Usa una crayola de cualquier color, pero en tono suave. Dibuja bolitas de tamaño mediano, anchas, no muy pegadas y despacio. Debes hacer 21 bolitas todos los días, luego escribe un decreto positivo para ti. Yo escribí estos, ¿cuáles son los tuyos?:

- Esto también pasará.
- Todo va a estar bien.
- Todo tiene solución.
- Encuentra el lado bueno de las cosas.
- Los demás no tienen la culpa.
- Soy más fuerte de lo que pensaba.
- ¿Cuál es el mejor chiste que conozco? (*¿Cuál es la verdura que hace como animal? El a pio, pio, pio…*) ¡Reír te relaja!

- Voy a hacer ejercicio.
- Mi comida favorita es… ¡date ese gusto!
- Amo mis piernas –quiérete–.
- Mi Yorkie me está esperando en casa –todos tenemos a alguien a quien le importamos–.
- La vida da muchas vueltas.
- ¿Qué haría Oprah Winfrey en mi lugar?
- Yo soy así, ¿y qué?
- Mi consciencia está tranquila, Dios conoce mis razones y las entiende.
- No pasa nada.
- Dios es bueno y me ayudará, Dios nunca me deja.
- Tarde o temprano, el karma llega.
- Hoy aprendí que…
- Lo que no te mata te hace más fuerte.
- Pero lo bailado nadie me lo quita.
- Dios está conmigo.
- Yo puedo con todo.

Los miedos

El último hombre sobre la tierra
estaba sentado solo en una habitación.
De repente, tocaron a la puerta…
KNOCK, LA HISTORIA DE TERROR MÁS CORTA DEL MUNDO

¿Qué haces cuando tienes miedo? El miedo es normal, todos tenemos miedo, es un mecanismo preventivo, te dice: "¡Cuidado, no te avientes a lo tonto!" El miedo es una sensación de angustia provocada por la presencia de un peligro real o imaginario.

"¿Y si todo acaba? ¿Y si todo sale mal? ¿Y si él me deja? ¿Y si pierdo mi trabajo? ¿Y si engordo? ¿Y si me corren de la casa? ¿Qué pasa si hago el ridículo? ¿Y si no me puedo embarazar? ¿Qué tal si no puedo pagar la renta? ¿Y si no tengo dinero? ¿Y si nunca me quiso? ¿Qué pasa si mañana se acaba la buena racha? ¿Y si siempre vivo con mis papás y nadie se fija en mí? ¿Y si fracaso...?"

"Tengo miedo, no puedo dormir. Me desperté en la noche, pensé que me ahogaba, tengo una sensación horrible: la neblina me cubre, no puedo respirar, siento que lo peor me va a pasar, tengo miedo, no quiero abrir los ojos..."

¿Alguna vez dibujaste una bolsa de basura? Como seguramente no lo has hecho, yo la dibujé por ti:

Escribe en esta bolsa toda tu basura mental.

- Te pido por favor que tomes un plumón negro, remarca las orillas y el contorno.
- Después escribe: "Me genera angustia..." y todo lo que te produce una sensación de angustia.
- En la siguiente hoja escribe si tu miedo es real o imaginario, recuerda meditar bien si es posible que pueda suceder.

¿Terminaste? ¿Para qué te sirvió? Ahí es donde deben estar nuestros miedos: en una bolsa de basura.

¿Qué le dirías a tu miedo?

¿Cómo sería tu miedo si fuera una persona?, ¿cómo te lo imaginas? Dibújalo:

Ahora que dibujaste a tu miedo, ¿te diste cuenta que, como persona, no es ni más inteligente, ni más fuerte que tú?

Así como lograste crearlo, también lo puedes desaparecer, tú tienes la fuerza para enfrentar la sensación de angustia. No puede partir tu vida en mil pedazos: uno, al escribirlo ya lo admitiste; dos, ya lo sabes, eres más fuerte que tus miedos. Ahora investiga de dónde surgió, cuál es el origen de ese miedo. Piensa si algo marcó tu infancia, si acaso tu cerebro aprendió a temerle.

Grafoterapia

A partir de ahora escribe 21 renglones por 21 días: "Soy más fuerte que todo y puedo con todo." Escribe tu decreto en color morado –un tono fuerte, nada de lilas–.

1. _____

2. _____

3. _____

4. _____

5. _____

6. _____

7. _____

8. _____

9. _____

10. _____

11. _____

12. _____

13. _____

14. _____

15. _____

16. _____
17. _____
18. _____
19. _____
20. _____
21. _____

Ahora colorea tu mandala en color palo de rosa y morado:

¿Tienes alguna fobia? Identifícala, conócela y enfréntala

Hoy tengo miedo de salirte a buscar,
tengo miedo de poderte encontrar.

FOBIA

¿QUÉ ES UNA FOBIA?

El miedo es una emoción vital para la supervivencia, pero cuando se vuelve una reacción incontrolable e irracional, puede convertirse en fobia y afectar la vida cotidiana del individuo.

Para ser más específicos, la fobia es una respuesta exagerada, en forma de temor o angustia, a un estímulo de peligro. Lo particular de una fobia es que el temor puede ser provocado por algo insignificante, por ejemplo, quedar paralizado ante una pequeña cucaracha. Siempre es más grave que un simple miedo, la fobia comienza cuando una persona procura evitar el estímulo de peligro todo el tiempo, al grado de condicionar su vida en torno a su fobia.

Distingue si lo que sientes es una fobia o un miedo. De entre los varios síntomas los más comunes son:

- Mareo.
- Náusea.
- Angustia.
- Palpitaciones.
- Taquicardia.
- Sudoración.
- Mantenerse en estado de alerta sin motivo justificable.

Claro, sientes mucho miedo, tanto que te paraliza, te dan mareos, la angustia te desborda y experimentas cosas horribles. Pero ahora, cuando estés frente a esa situación de pánico, terror o fobia, te aseguro que estarás preparado para enfrentarla, porque hoy comienzas con tu grafoterapia.

¿Cómo superar una fobia?

Existen tres pasos que son importantísimos para superar una fobia. Lograrlo no es fácil pero tampoco imposible:

PRIMER PASO
Debes tener claro a qué le tienes miedo. Por ejemplo:

"Yo Mary Fer Centeno le tengo miedo, fobia, terror y angustia a las cucarachas."

¿Y tú a que le tienes fobia?

_____

_____

Investiga todo acerca de tu miedo. Recuerda, para vencer al enemigo hay que conocerlo.

Dibuja el objeto de tu miedo:

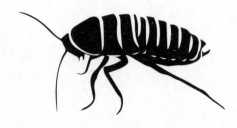

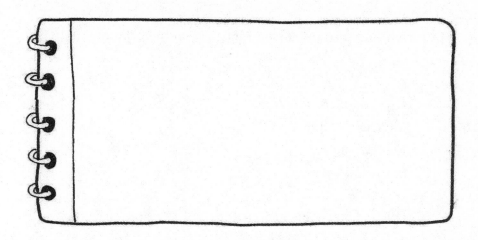

SEGUNDO PASO

Identifica la causa de tu fobia. Lograr entender el origen te facilitará encontrar una solución.

Las causas de mi fobia son:

*Cuando tenía cuatro años se me subió una cucaracha al cuerpo y no me dejaba. Después mi papá, como mi super héroe, se encargó de exterminar las cucarachas de la casa.

*Cuando tuve un padrastro, por alguna extraña razón tuvimos una plaga de cucarachas, incluso nos cambiamos de casa. Mamá Carmelita dijo que la casa estaba embrujada.

Ahora responde tú:

¿Por qué le tengo tanto miedo a esto? ¿En qué momento surgió?

_____

_____

TERCER PASO

Debes entender tu miedo, es decir, racionalizarlo, ser realista y pensar:

* ¿Qué me puede hacer?
* ¿Me va a lastimar?
* ¿Me hará daño?

Por ejemplo:
* ¿Qué me puede hacer una cucaracha? Nada, ¿verdad?
* Si se me sube, ¿qué me pasaría? NADA.

Obviamente, estos ejercicios forman parte de un tipo de terapia psicológica que se llama cognitivo–conductual. La idea es llegar a la conclusión de que, si tú te enfrentas a esa fobia no te pasará absolutamente nada. Pero antes es importante pensar con inteligencia y preguntarte:

* ¿Qué te puede pasar?
* ¿Qué daño te puede hacer en la vida real?

Debes tener paciencia al momento de vencer una fobia porque si te enfrentas a ella así como si nada, negando el temor que le tienes, puedes empeorar las cosas. Primero debes racionalizar tu miedo, pensarlo. Poco a poco te vas acercando a él, imagínalo o ve imágenes, a la angustia que sientas contrarréstala con un pensamiento lógico. También pasa tiempo familiarizándote con el tema, aproxímate a eso que le temes sin forzarte. Una vez que te sientas más tranquilo y disminuyas tus niveles de ansiedad frente aquello que te aterra, ahora sí, enfrenta cara a cara a ese temor.

En mi caso, desde algunos meses estudio a las cucarachas. Hoy vi una en el pasillo del trabajo, no me temblaron las rodillas: LA MATÉ.

El enojo cierra las puertas que tu talento abre: ¡Decídete a cambiar!

Respira, piensa con calma y respóndete: ¿Eres enojón?, ¿fácilmente pierdes la calma?, ¿te desesperas?, ¿afectas a los demás con tus corajes? Lo sé, es horrible que te digan enojón, pero te molesta porque es verdad.

Las personas enojadas tienden a exigir justicia, valoración, acuerdo entre las partes y disposición para hacer las cosas a su manera.

¿Estás enojado con la vida? Contesta lo siguiente:

- ¿Cómo reaccionas cuando alguien se mete a tu carril mientras manejas?
    - A) Los maldigo, les digo sus cosas.
    - B) Les hago cara y me sigo.
    - C) Me da igual, a menos que tenga consecuencias.

- Si donde vives no hay internet de fibra óptica, pero haces el esfuerzo por contratar ese servicio, te lo instalan y no funciona...
    - A) Les hablo para mentarles la madre, me enojo, maldigo al operador y a cada uno de sus parientes.

B) Hablo para cancelar el servicio, no me causa gracia, sí, me enojo, pero entiendo, no es su culpa sino de la empresa.

C) Cancelo y contrato otro, me enojo, pero se me olvida.

- Si en una reunión hacen una broma sobre mí...
  A) Les digo: "Malditos, se burlaron, me humillaron, me las van a pagar."
  B) Siento feo.
  C) Me da risa.

- Un amigo te cancela...
  A) Le digo: "Con mi tiempo no se juega", finjo no darle importancia, pero ya estoy pensando cómo vengarme.
  B) Ya ni modo.
  C) Mejor, un compromiso menos.

- Suena un celular en el cine...
  A) Le digo de cosas al dueño: unas cuantas groserías para que se le quite lo impertinente.
  B) Hago muy fuerte: "¡Shhh...!"
  C) Sí, se escucha feo, no me gusta, pero no hago nada.

- La mayoría de mis publicaciones son...
  A) Quejas, ofensas e insultos.
  B) Lamentaciones, por lo mal que está el país, mi trabajo, los amigos y la gente.
  C) Muestras de indignación, combinadas con algunas bromas y mensajes positivos.

- Si contestaste la mayoría de las opciones con "A": estás muy enojado con la vida.
- Si contestaste la mayoría de las opciones con "B": tienes carácter y marcas límites.
- Si contestaste la mayoría de las opciones con "C": eres muy vale gorro, no eres enojón.

Escala del enojón
¿Cómo escriben los enojones?

- Nivel 1. Letra vertical.
- Nivel 2. Letra remarcada.
- Nivel 3. Letra angulosa.

Si tienes las tres, eres muy enojón.

¿Cómo dejar de ser tan enojón?

Quizá pensarás: ¿para qué quiero dejar de ser enojón? El enojo es una emoción normal y saludable; pero el problema es cuando controla y domina cada instante de tu vida.

Si eres enojón, que no te extrañen tus enfermedades:

1. Afecta tu sistema inmunológico.
2. Causa dolores musculares.
3. Causa dolores de cabeza.
4. Provoca enfermedades gastrointestinales.
5. Genera sobrepeso.
6. Propicia la caída del cabello.

Debes aprender a controlar tu enojo. Antes de sacar chispas, rayos y centellas, pregúntate:

- ¿Vale la pena arruinar mi día?
- ¿Cuánto tiempo quiero dedicarle a esto?
- Entiendo, esa persona se equivocó, pero también hizo cosas buenas por mí, ¿debo seguir molesto con ella?

Respira, relájate, piensa con calma. Si la batalla vale la pena, enójate, no te reprimas, pero primero respira y piensa qué te conviene más.

¿Por qué te conviene dejar de ser enojón? Porque así disfrutas más el amor, a los amigos, a tu familia, los viajes y todo lo que te rodea. Puedes hacer algo muy valioso por ti: ¡sonríe más! Suelta las molestas cargas espirituales.

Entérate: el mal carácter cierra todas las puertas que tu talento abre, entonces, ¡aplícate! Comienza con tu grafoterapia y busca una mejor calidad de vida.

Grafoterapia

Escribe suave, más redondeado y a la derecha: "Mi letra es suave como yo soy." Ya lo sabes, 21 renglones por 21 días:

1. _____

2. _____

3. _____

4. _____

5. _____

6. _____

7. _____

8. _____

9. _____

10. _____

11. _____

12. _____

13. _____

14. _____

15. _____

16. _____

17. _____

18. _____

19. _____

20. _____

21. _____

Escribe más redondeado, más suave, no remarques tanto y si puedes, a la derecha, en color amarillo, a partir de hoy y ¡para siempre!

La depresión

La depresión es rabia sin entusiasmo

¿Por qué estoy deprimido? La depresión se origina cuando la habénula lateral se activa y produce desproporcionadamente un neurotransmisor, el glutamato. Otros factores como el estrés, el dolor, la pena y diversas enfermedades producen variaciones en nuestra química cerebral. Las deficiencias nutricionales, además de ciertos medicamentos, alteran nuestra composición cerebral. Indudablemente la baja en los niveles de neurotransmisores, como la serotonina y la norepinefrina, están involucradas en la depresión, pero igual existen otras sustancias −como las hormonas−, cuyas desproporciones pueden ocasionar estados depresivos.

Otro descubrimiento importante es que el cerebro humano posee la capacidad de crear células nerviosas o neuronas nuevas a lo largo de toda la vida, a esto se le conoce como neurogénesis, muchas de estas neuronas sustituyen a las que murieron. Investigaciones recientes demuestran que la depresión inhibe el proceso de neurogénesis, es decir, cuando te deprimes, produces menos células nerviosas nuevas, incluso dejas de hacerlo.

Manual que sí sirve para salir de la depresión

¿Qué te duele? ¿Qué te lastima? ¿Qué te enoja? ¿Qué te molesta? ¿Qué te hace llorar? ¿Por qué?

A veces vemos sólo lo negativo, en esos días la horrible sensación de orfandad se apodera de nosotros:

"Para mí la tristeza es como un cielo nublado donde llueve y hasta graniza, me mojo desde la cabeza hasta los pies –y lloro mucho–. Me da miedo escribirles todo lo que siento cuando estoy triste, pero me siento tan sola... Y entre miedo, enojo y dolor sólo quiero un abrazo."

¿Tú también te has sentido así? ¿Te das cuenta de que no hay nadie? Nadie te dice lo que quieres escuchar, nadie soluciona tu vida... espera, conozco a alguien, está en el espejo, ve con él: tócalo, abrázalo, llora... ¿sabes quién es? le gusta la misma música que a ti, baila igual que tú, se ríe de lo mismo y entiende tus problemas, pregúntale: "¿Voy a salir de ésta?"

El espejo te respondió que sí. Te dijo esto:

- Al principio, el miedo acompaña lo bueno.
- Después de la noche más oscura, empieza el amanecer.
- Me equivoqué, significa que aprendí.
- Mi vida es única, yo tengo el control.

Recuérdalo siempre, en tu vida, en la tierra, en el universo: tú eres el gran protagonista. Escribe las acciones que necesitas para recuperar el control y ser el protagonista de tu vida:

1. _____

2. _____

3. _____

4. _____

5. _____

6. _____

¡Perfecto, ahora ya lo sabes! A trabajar espiritualmente y con decisión para vivir mejor. No lo olvides, lo mejor está por venir.

Sólo debes creerlo, apostar por sentirte mejor, concentrarte para lograrlo. Si pones de tu parte te puedes aliviar. Lo sé, no es una tarea sencilla salir de la depresión, pero, independientemente del motivo, te pido confiar plenamente en la grafoterapia para enfrentarla; esto no sustituye al especialista, es más, puedes recurrir a ambos. Lo importante es lograr alivio para tu corazón, paz y tranquilidad, así el camino a la felicidad será más corto.

Trabaja lo siguiente:

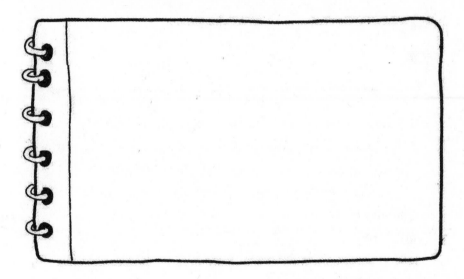

1. Dibuja arriba tu tristeza, como quieras y con el color que desees.
2. Concéntrate, ponle nombres, lugares, recuerdos, lo que quieras.
3. Rompe el dibujo.
4. Siente tu cuerpo y tu piel, abrázate, percibe tu respiración, recorre tus sentidos.

5. Escribe: "Soy sobreviviente de todo mal, ¡lo logré! ahora sólo vienen cosas buenas, cosas nuevas."

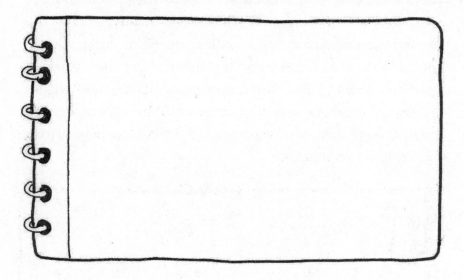

6. Muévete, corre, haz ejercicio, baila, ¡actívate!
7. Cada que tengas un pensamiento doloroso, cámbialo, transforma el, "soy una estúpida", "soy un tonto", por "soy una persona valiosa" u otro pensamiento positivo, el que tú quieras.
8. Ocúpate.
9. Platica con alguien, chismea un rato −el chisme le da placer al cerebro−.
10. No te critiques.
11. Si te dicen cosas feas aplica esta frase: "A trompa de buche, orejas de chicharrón."
12. Enfrenta tus problemas.
13. Ponte metas, lucha por algo, la vida es un juego y hay que ganar.
14. Escribe diario.

Grafoterapia

Colorea en naranja las siguientes frases:

Creo que la risa es el mejor quemador de calorías. Creo en besar, besar mucho. Creo en ser fuerte cuando todo parece que va mal. Creo que las chicas felices son las más bellas. Creo que mañana es otro día y creo en los milagros.

AUDREY HEPBURN

Son nuestras elecciones las que muestran quienes somos realmente, mucho más que nuestras habilidades.

J.K. ROWLING

Nadie te hace sentir inferior sin tu consentimiento.

ELEANOR ROOSEVELT

Desarrolla la capacidad de abrazar tu luz y tu sombra, acéptate totalmente, la aceptación es el primer paso para la transformación.

MENTXU DA VINCI

Escoge una de estas maravillosas frases y tenla cerca de ti, ¡siempre!

Por último... Pide cinco deseos: tengo una lámpara maravillosa para ti.

1. _____

2. _____

3. _____

4. _____

5. _____

Y a ti, ¿quién te cuida desde el cielo?

Para mi abuelito Alfonso Centeno, eres grande, muy GRANDE.

Creo que voy a enloquecer, si no te vuelvo a ver.
ALEJANDRA GUZMÁN

La luna tiene forma de sonrisa porque desde el cielo tú me sonríes.

Te veo mecido en brazos de Dios, estás en paz. Dice mi mamá que te recibió mi tía Yola, mi abuelita y todos nuestros muertos. Pero para mí, tu muerte ha sido una palabra que no quiero entender y tengo miedo de pronunciar.

No me dijiste adiós. Si no entiendo el juego de la vida menos las despedidas. Quisiera regresar el tiempo y volver a aquella noche para abrazarte y besarte como siempre; que me dijeras: "Tú me quieres mucho, hija", y yo decirte que te amo. Quiero que me abraces, porque me queda grande la vida si tú no estás aquí.

Te amo abue, te amo guapo. No me digas que te moriste.

No me cabe tu ausencia en el cuerpo ni en la cabeza... Tengo que morir para volverte a ver y escucharte.

¿Por qué tengo tanto dolor atorado? Quiero guardar tu voz en mi mente, quiero sentir tu abrazo, quiero escuchar tu risa. Tengo miedo de que mi memoria distorsione tu recuerdo. Mi papá dice que

ya no existes, pero yo te siento más vivo, es como cuando me caí: la herida estaba abierta y sentía más calor en la pierna.

No entiendo, no entiendo. No puedo.

Miami, 23 de febrero de 2015,
dos días después de que te fuiste...

Vuelvo a leer esto y me pongo a llorar. Recuerdo perfectamente que íbamos en el coche, estaba en Miami. Aún no entiendo por qué te moriste, hasta hoy no me presento en la iglesia en donde están tus restos. Te pongo un altar y todas las noches te rezo, pero no puedo ir a donde estás para que me abraces.

Ahora, ¿qué hago?

Es un hecho, ese dolor no se termina nunca. Siempre extrañaremos a esa persona, para eso no existen palabras… Aprendemos a vivir con ello, así no se vuelve tan pesado. Total, estamos vivos –y hasta tenemos palancas en el cielo–.

Ahora escríbele una carta a ese ser querido, aquí dejo la mía –también mi esposo hizo la suya–:

Abuelito

Para hablarte nunca tenía que escribirte, tan sólo te llamaba o tocaba tu puerta.

Han pasado tres años, casi cuatro, desde que te fuiste, justo el día de mi boda —qué ocurrencias las tuyas—. Siempre he pensado que así pudiste ver el milagro de que me casara. Yo me enteré al día siguiente, nadie me quería decir hasta que a Alma se le escapó la verdad.

No me acuerdo si estaba en la sala, esos momentos son borrosos para mí, sólo sé que subí las escaleras y lloré. Grité con mucha fuerza, desde mi estómago, desde lo profundo de mi corazón.

Dime que no es cierto, no puedo creer que no te veré el resto de mi vida. No puedo superarlo, quiero sentarme en tus piernas, escuchar tu voz.

Me arrepiento tanto de cuando era niña: me invitabas y no asistía a las fiestas familiares. Si pudiera regresar el tiempo, cambiaría muchas cosas de mí.

Pero te juro por Dios que los últimos años que compartimos era una dicha verte. Ahora no hay día en que pueda escribirte sin llorar. Perdóname, y perdóname Dios por no ser una nieta más atenta durante mi infancia, no me quiero excusar, pero lo haré, estaba muy chica e influenciada por mi mamá y mamá Carmelita. Abuelito, tu divorcio fue muy complicado, aclaro, las dos te querían mucho. Aunque a veces la vida nos rebasa.

Perdón por favor, cuando crecí traté de cuidarte lo mejor que pude: llevarte a tu árbol preferido o buscarte en el Sanborns donde leías diario todos los periódicos con tal de no comprarlos.

Recuerdo tu gusto por las mujeres, tus carcajadas, tu fuerza y tu desenfado, aquella historia que me contabas de cuando eras planchador profesional, y después todo lo que lograste hacer; aún varios de mis tíos viven de tu patrimonio, tú y yo sabemos quiénes son, pero no diremos nombres.

Mi papá te ama y yo también. No quería que te fueras; no padeciste ninguna enfermedad. Sólo querías estar con mi tía Yola, tu hija favorita —cosa que entiendo perfecto—.

Me dolió mucho la muerte de mi abuelita, pero la tuya me mató.

Ahora todos los días me encomiendo a ti, siento como cuando me calentabas las manos. Trato de hacer las cosas de la forma en que te sentirías orgulloso. Sé que te pido favores todo el tiempo, también a mi abuelita, a mi tía Yola, a mi tía Martha, a Luis Alfonso, a mis hermanos que no pudieron nacer: tres grandes hombres maravillosos, a mi perrita Jas, a todos desde el cielo.

La única razón por la que me quisiera morir es para verte y abrazarnos.

Te amo, gracias por el amor, los abrazos, por preocuparte de lo mal que manejo, por decirme que soy una reina, porque desde el cielo tú nunca te vas y estás siempre conmigo.

Y aquí termino la carta, ya no puedo escribir de tanto llorar.
Siempre juntos, Mary Fer.

Tu nieta, la que más te ama, la que más te necesita, la que más
te extraña.

P.D. Gracias por mandarme a Yorkie.

A mis abuelos Angélica y Javier:

Recuerdo las palabras de mi abuelo Javier cuando le dije que él ya
era viejo y no quería que se muriera, muy sabiamente me respondió: "Es más grato pasear con mi nieto que con mi abuelo." Hasta
después de su muerte entendí sus palabras. Efectivamente, todos
tenemos dos familias, la que te acompaña en vida y la que lo hace
desde el cielo. Quizá esa transición: cuando un ser querido muere, es
la experiencia más dolorosa de la vida. Por eso debemos aprovechar
el tiempo al máximo con las personas que aún están con nosotros.

De niño sufría al pensar que mis abuelos morirían y no los volve-
ría a ver. Ese destino me alcanzó mucho antes de imaginarlo y aún
me cuesta trabajo entenderlo porque son los seres que más aprecio
en esta vida. A ellos les debo en gran parte todo lo que me dieron:

155

la hermosa familia en donde nací. Con mis padres, fueron la base para formar la bella familia que hoy tengo con Mary Fer.

Los tengo tan presentes, aunque ya pasaron diez años sin ver a mi abuelo y cinco sin ver a mamá Geli. Agradezco inmensamente todo su apoyo desde allá arriba, porque me han pasado cosas maravillosas que sin ellos no habrían sucedido. Los extraño, claro que sí, y cada momento importante de mi vida me pregunto qué sentirían de mí.

En mi boda usé la loción que mi abuelo me regaló —sólo ese día la usé— y en la bolsa de mi jacket llevaba la esquela de mi abuela. La primera vez que vi la estatua de la libertad saqué la foto de mi abuela con el afán de enseñarle en dónde estaba.

Para honrarlos, ayudo a las personas que ellos querían en vida y hago las cosas de acuerdo con su consejo; aunque les pregunto y no me responden sé perfectamente lo que me dirían.

El coche de mi tío Javier se lo regaló mi abuelo, y después de su muerte sigue apoyándolo. Mi abuela le mandaba la ayuda a mi tía Claudia y se la volverá a dar cuando ella lo decida. Yo vivo en el terreno que perteneció a mis abuelos, legalmente no me lo heredaron, pero acomodaron las cosas para que pudiera comprarlo con mi esposa.

Mi esposa me cocina tan parecido a mi abuela, sé que lo hace con intención y realmente hace que sienta su presencia y pruebe nuevamente su comida. Bebo lo que a mi abuelo le hubiera gustado

tomar conmigo, lo extraño y lo admiro porque fue un gran padre y un abuelo maravilloso, guardo su pluma y con ella firmo los documentos importantes en mi vida, tengo sus llaves y uso un llavero similar al de él, con su útil navaja, tengo su viejo suéter y su imagen está siempre presente en mí. La foto de portada en mi Facebook es con ellos.

Ya dije que los extraño y recuerdo cómo fueron sus últimos momentos, no me arrepiento de cómo los viví. Me hacen falta en estos días, quisiera llevarlos a tantos lugares y darles eso que tanto les gustaba: un buen coñac para el abuelo y muchos paseos para mi abuela, mi mamá Geli.

Después del fallecimiento de alguien cercano experimentamos todo tipo de emociones. Es normal sentir tristeza, rabia, frustración y hasta agotamiento. Lo mejor es aceptar esas emociones, no te reprimas es válido desahogarse. Puedes llorar todo lo que quieras, gritar y hasta quedarte en cama un día entero, lo importante es vivir tu proceso de duelo, ¿cuánto va a durar? No hay un tiempo definido, pero si en seis meses aún no logras recuperarte acude con el especialista y toma terapia.

Inventa una despedida

Escoge un lugar, siéntate y ponte a platicar con esa persona, léele tu carta, vas a llorar… luego déjalo en paz y dale descanso a tu alma. Es momento de regresar a hacer lo que te gusta o buscar cosas nuevas. Sonríe y ¡abrázate!, celebra su vida y la tuya...

A mí me pasa que veo señores parecidos a mi abuelito en la calle: lo extraño mucho, pero él me mandó a Yorkie, él quiere que yo esté en paz y quiere que sea locamente feliz.

Sé que me escuchas, te amo.
No me dejes nunca, por siempre juntos.

¿Timidez? Cómo tener seguridad

Te prometo que después de leer esto no vas a volver a sentir miedo de:

- Hablar en público.
- Conocer al sexo opuesto.
- Pedir un aumento.
- Ponerte la ropa que siempre deseaste.
- Quedarte con el trabajo de tus sueños.
- Quererte de manera natural y amarte con todas tus fuerzas.
- No dudar de lo bueno que eres.

Una cosa es ser introvertido y tímido, y otra ser inseguro. Cuando la inseguridad es muy grande, te trae problemas.

¿Naces o aprendes a ser tímido? Alrededor del 15 por ciento de los niños nacen con un temperamento inhibido, es decir, cada nueva experiencia les produce un estrés excesivo.

- ¿Eres tímido?
- ¿Irías a una fiesta donde sólo conoces al anfitrión?
- ¿Te pone nervioso saludar a alguien?
- ¿Piensas mucho qué van a decir de ti?
- ¿Te molestan las clases grupales y te da pena?
- ¿Necesitas beber o usar algo para desinhibirte?
- Si fueras un animal, ¿serías uno pequeño?
- ¿En el trabajo no platicas demasiado con tu jefe?
- Ves que todos hacen relaciones públicas, pero tú, ¿te quedas callado?
- ¿La idea de exponer en público te aterra?

- ¿Te vistes de negro o colores oscuros?
- ¿Siempre te excluyen de las reuniones o fiestas?
- ¿Te da pena usar traje de baño?
- ¿No hablas en público?

Si estas situaciones han sido tu pan de todos los días, no pasa nada, andas algo tímido, pero no lo eres. Todo tiene solución. Generalmente conoces miles de trucos de lenguaje corporal, por ejemplo: ponte en postura de poder, con la cabeza alta, los hombros hacia atrás y los brazos ocupando la mayor amplitud posible. Sí, esa sería la postura de una persona segura, pero qué pasa si no estás cómodo con esa postura, si no te nace, si así te sientes peor, incluso ridículo o fanfarrón, ¡porque no eres tú! Para lograr un cambio real en ti, debes sentirlo.

En su momento, las emociones fueron una herramienta muy importante de supervivencia para el hombre primitivo, y lejos de lo que pensemos, su función sigue siendo esa. La forma en que nos comunicamos es mucho más emocional que racional.

Vamos a hacer un ejercicio, necesito que en este momento te sientas como la persona más poderosa del planeta, escribe en color rojo y grande:

- "Soy la persona más poderosa del planeta."
- "Soy la persona más bella del planeta."
- "Todos, absolutamente todos, me quieren, y quien dice no quererme, simplemente me envidia."

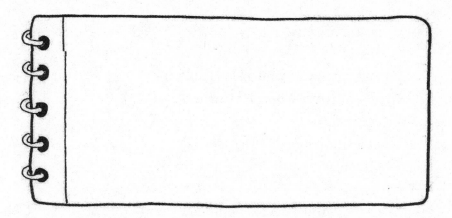

No sientas pena, sólo escríbelo, es el primer paso para vencer la timidez, para actuar diferente.

• ¿Qué cambiaría en tu vida si la timidez no te gobernara?
• ¿Cómo actúa una persona segura de sí y poderosa?
• Ahora, fíjate bien: ¡Es tu momento de actuar así!

En los próximos quince minutos, después de escribir esos tres decretos, empieza a actuar. Sí, actúa como en el teatro, como si fueras seguro. Realiza este ejercicio todos los días. Parece poco, pero es una gran diferencia para tu cerebro, te ayudará a tener una mejor comunicación con los demás y contigo.

No digas: "Soy inseguro y no puedo", "me da mucha pena", "me da mucho miedo". ¡Ya basta de esas ideas!, bloquean la seguridad en ti. Lo importante no es lo que dice el cuerpo sino lo que siente el corazón, siente la confianza que hay en ti y exprésate así con los demás.

Los principales elementos de la comunicación son:

• La postura.
• El contacto visual.

- La gesticulación.
- Los tics.
- La velocidad y el tono de las palabras.
- El movimiento, o no, de las manos.
- La sonrisa.
- La expresión facial.
- El saludo.

Piensa en cada uno de estos detalles y piensa qué posiciones, movimientos y posturas tienes que empezar a adoptar para demostrar seguridad.

Grafoterapia

Sigue escribiendo todos los días los tres decretos en color rojo:

Soy la persona más poderosa del planeta.

Soy la persona más bella del planeta.

Todos, absolutamente todos, me quieren, y quien dice no quererme, simplemente me envidia.

Robert Collier dice que debemos mirar las cosas como queremos que sean, en lugar de como son. Recuerda, nos convertimos en lo que pensamos. El poder está en cómo te miras, entonces decide cómo te vas a pensar.

Cambiar tu letra hará una nueva sinapsis en tu cerebro, tus neuronas se comunicarán diferente. Lograrás transformar tu conducta, de adentro hacia afuera. El color rojo te dará la fuerza que te hacía falta. Verás cómo poco a poco tu lenguaje corporal va a fluir de forma natural; cada día más seguro y más fuerte. Es tu momento para transformar tu vida.

Les caigo mal a todos: ¿Qué hago?

Es verdad, si dices que no te importa la opinión de los demás, estás mintiendo: inconscientemente temes no ser aceptado. Negarlo es un mecanismo de defensa, refleja falta de confianza o incapacidad para sobrellevar la crítica. Mientras más te niegas a aceptarlo, vives menos y sufres más. Acéptalo, a nadie le gusta la exclusión.

"Yo también siento miedo a ser rechazada, de hecho, nunca puedo pertenecer a ningún grupo, antes no entendía por qué, ahora sé que soy diferente, o muy extraña. En realidad, cada persona es como un país extraño."

Bien lo afirma el dicho: "No eres monedita de oro para caerle bien a todo el mundo." En la vida siempre hay gente que te acepta con tus virtudes y defectos, guardan para ti un espacio en su corazón; gracias a ellos compartes innumerables momentos de alegría. Pero también hay personas a las que les caes mal o hasta te odian, algunas se dan la oportunidad de conocerte, otras simplemente no quieren saber nada de ti.

Recuerda, 80 por ciento de nuestras conversaciones son sobre los demás. En algún momento todos hablamos mal de alguien, es normal, aprendamos a vivir con eso. Eres valioso sin importar si te admiran o menosprecian.

Vamos a pensar que no le caes bien a alguien, ¿cómo puedes superar el rechazo y la crítica? Hazte estas tres preguntas:

1. ¿Qué tan importante es caerle bien?
2. ¿Qué podría pasar por no caerle bien? Imagina lo peor.
3. ¿Lo podré superar?

_____

_____

_____

Responde:

- ¿Cómo sería tu vida si no te preocuparas por complacer a todos para caerles bien?

_____

Escribe lo siguiente y en una lista pon todo lo que te gusta hacer:

"A partir de hoy, actuaré como quiero ser y no como los demás esperan que sea."

_____

_____

_____

_____

_____

Estás tan expuesto a la crítica como a la gripe. Cuando alguien te diga algo horrible, desmiéntelo, pero no se lo digas y no te lo tomes personal, sólo relájate. Cada quién es libre de criticar a su antojo, eso sí, lo que dicen de los demás es lo que piensan de ellos mismos.

Acostúmbrate, siempre pueden hablar mal de ti, los espíritus mediocres condenan todo aquello que no está a su alcance. Si te critican mucho es porque así te envidian, tú haces las cosas bien y luchas por cumplir tus metas, condúcete con inteligencia emocional. Aléjate de esas personas tóxicas, no sirven de nada en tu vida. Total, si te envidian, no te sientas mal, por algo les importas.

Dice mi abuelita: "Cuando te echen tierra, no llores, ¡sólo quítatela!"

Grafoterapia

Los comentarios ofensivos siempre duelen, pero como no podemos evitarlos es momento de aprender a soltarlos. A partir de hoy escribe inclinado hacia la derecha, usando tinta morada:

Me amo y me libero.
Soy libertad y valentía.
Que los perros ladren es señal de que estoy avanzando.

Tu mente está preparada para el cambio y puede adaptarse a cualquier situación, tiene el poder de pasar por alto o ignorar cualquier comentario nocivo.

Transforma la envidia en inspiración

INSATISFACCIÓN, O CUANDO LA VIDA NO TE HACE JUSTICIA

Por azares de la vida, en el mundo hay gente con menos talento que se vuelve más exitosa, ¿conoces a alguien así?, ¿te enoja?, ¿te sientes frustrado e insatisfecho? Seguramente sí, pero es normal, el problema es cuando todos te dicen que siempre debes ser positivo y optimista, a veces simplemente no se puede. La envidia y la frustración son emociones normales, nos hacen sentir mal y nos debilitan, por lo tanto, debemos trabajar en ellas.

Sentimos insatisfacción al compararnos. Es terrible cuando descubres que:

- Tus amigos estudiaron para el examen y tú no.
- El compañero del colegio que te caía mal es más exitoso.
- A tu pareja le va mejor en el trabajo.
- Tus hermanos tienen mejor cuerpo que el tuyo.
- Tu familia vive mejor.
- Tu jefe reconoce de manera pública y extraordinaria a tus compañeros de trabajo y hasta les aumenta el sueldo.
- Tu vecino cambia de coche como de calcetines.
- Y lo peor, ¡que tu ex sea más feliz que tú!

Es cierto, todo esto puede ser posible, sin embargo, cuando estás más atento a los logros de los demás inviertes parte del tiempo que podrías ocupar para enfocarte en tus propias aspiraciones. Generalmente somos conscientes del resultado, pero no del esfuerzo que los demás tuvieron que realizar.

¿CUÁL ES LA MEJOR MANERA DE SUPERAR LA FRUSTRACIÓN, LA ENVIDIA Y EL CORAJE?

Toma conciencia del motivo de tu frustración y envidia, luego úsalo de inspiración. Realiza un plan para lograr lo que quieres. Si tu deseo es imposible –como ser rubia, medir dos metros y tener los pechos del tamaño de la actriz del momento–, sé realista y trázate metas de acuerdo con tus posibilidades. Walter Riso dice que trates de acercar tu Yo Ideal a tu Yo Real.

Toca todo tu cuerpo, ¡estás vivo! Agradece por este momento, siéntete orgulloso de quién eres, acepta el camino que has transitado hasta ahora. Perdónate.

Dicen que el perdón es un arte, a mí me parece un acto de inteligencia. A veces debemos darle las gracias a quien nos ofende y lastima, porque son esas experiencias horribles las que nos hacen crecer. Ya no es momento de buscar culpables, es tiempo de perdonar. En su tiempo hiciste lo mejor con tus posibilidades, ahora ya creciste, tienes experiencia y sabes más, por lo tanto puedes cambiar. Es momento de empezar.

Escribe una carta pidiéndote perdón por lastimar tu cuerpo y los pensamientos horribles que invaden tu mente:

Querido (tu nombre o como te gusta que te digan):

_____

_____

_____

_____

_____

_____

Me amo, me perdono, me libero.
Sigo adelante.
Soy amor.

Grafoterapia

Si tú quieres llegar adonde está esa persona que envidias, empieza por firmar hacia arriba, a la derecha y rápido.

IMAGEN CORPORAL, CÓMO QUERER EL CUERPO DONDE HABITAS
Algunos trucos de la vida consisten en tener buenas cartas: un cuerpazo o una cara preciosa, sin embargo, debes jugar bien con lo que tienes.

"Toda mi vida pensé que mi cuerpo era bastante imperfecto, aún tengo presente el momento cuando me dijeron «deforme». Por eso odio mis caderas y mis cachetes, busco todos los medios para quitármelos, pero no puedo, mis cachetes forman parte de mí. Descubrí que tengo una carencia de valores espantosa."

Es triste cuando nos valoran según cómo nos ven. En realidad, la belleza es subjetiva, habrá a quiénes les parezcas sumamente hermoso y otros dirán que eres horrible.

Grafoterapia

Para quererte, sigue con tu grafoterapia, escribe con color rosa, tu letra debe ser grande y hacia arriba:

Ahora vamos a partir de nuevos criterios. Tú y yo generaremos una nueva forma de pensarnos. Escribe lo siguiente y destaca las cosas que más te gustan de tu personalidad y de tu cuerpo:

"No existe la perfección física."

_____

_____

_____

_____

_____

_____

Olvídate de esa lupa invisible que exagera todos tus defectos. Una vez más, deja de compararte. Empieza por agradecer a tu cuerpo todo lo que hace por ti. Si no te gustan ciertas partes de tu cuerpo trabaja para cambiarlo con dieta y ejercicio. Escribe cómo sería tu vida si amaras tu cuerpo:

_____

_____

_____

_____

_____

_____

Elige tres partes de tu cuerpo que te gustan y sácales provecho. Escríbelo:

_____

_____

_____

_____

_____

_____

¿Cómo salir de pobre?

Obviamente no hay fórmulas mágicas para salir de la pobreza, pero si te mentalizas para sentirte pobre, tenlo por seguro: serás pobre toda tu vida. ¿Cuál es tu talento? Todas las personas tenemos la capacidad para generar dinero.

Y aunque para ti el dinero no sea el principal motivo para renunciar a tu trabajo, tienes que tener un plan "B". Piensa en qué usan las personas en donde vives, cuáles son sus necesidades, para qué eres bueno, qué te gusta y no has probado, etc. Ponte a estudiar, no todas las instituciones son caras, ni se trata de dedicarte eternamente a la escuela. Estudia algo que te interese, vuélvete experto en algo. Quítate la horrible mentalidad de pobre. Saca de tu vocabulario frases como: "Te voy a robar un poquito de queso", "ando bruja, pobre de mí".

¿Traes el chip integrado de la pobreza? ¡Quítatelo! Según un estudio científico las personas más ricas tienen estos hábitos:

- Se despiertan tres horas antes de ir al trabajo.
- Leen: hacer dinero significa saber algo que nadie más sabe.
- Están enterados de lo que suceda a su alrededor.
- Consumen ácidos grasos ricos en omega tres.
- Se esfuerzan.
- Su alimentación no consiste en comida chatarra.
- No tienen pensamientos chatarra.
- Toman la responsabilidad de su vida y no culpan a nadie de sus propios errores.
- Se juntan con personas igualmente capaces e inteligentes.
- Tienen visión no vista, ven más allá de su nariz.

- Primero buscan entender y luego ser entendidos.
- Son puntuales y cumplen con su palabra.
- Enseñan a sus hijos a ser independientes, no les resuelven la vida.
- Tienen en su firma *el toque de Midas* —tú ya lo conociste en *Grafomaniatics*—.

Las personas millonarias tienen firmas potentes con una serie de signos que transmiten decisión, pasión y fuerza. Algunas incluyen algún número. Personas con altos ingresos y firmas potentes son: J.K. Rowling, Robert Kiyosaki y Carlos Slim.

CÓMO HACER PARA TENER MÁS DINERO Y NO GASTARLO EN TONTERÍAS

En cuanto a los estudios no te preocupes, no es necesario tener un doctorado. De hecho, un dato interesante es que las primeras 18 personas más ricas del mundo no tienen estudios universitarios. Así que no hay pretexto: a pararse más temprano, no regales tu trabajo pero, sobre todo, ¡no desistas!

Reconocer todo lo bueno que tienes en la vida es la base de la abundancia:

"En los negocios si quieres ir rápido ve solo, si quieres ir lejos ve acompañado."
Bill Gates

"No tengas miedo de renunciar a lo bueno para ir por lo grande."
Rockefeller

Identifica qué te hace sentir vivo. Dicen que dinero llama dinero, pero para tenerlo no sólo necesitas llamarlo, debes apasionarte con lo que haces, trabajar con entusiasmo y entender: el trabajo te hace feliz y gracias a esa felicidad, llega el dinero.

¿CÓMO TENER MÁS DINERO?
Escribe cada día algo que te salió bien y algo que salió mal, ahora: APRENDE DE ESO.

TEN VISIÓN NO VISTA
Piensa a futuro, a largo plazo, piensa para qué te puede servir cada cosa que haces, no busques el dinero rápido, busca el dinero a largo plazo.

ENFÓCATE EN LO QUE TIENES
Enfócate en todo lo que tienes y no en lo que te falta. Cada mañana cuando te levantes escribe cinco cosas que tengas y con las que te sientas agradecido. No las imagines nada más, ¡escríbelas!

Me despierto y puedo levantarme.

Tengo agua caliente.

Duermo con los amores de mi vida: Carlos y Yorkie

Desayuno lo que más me gusta.

Me levanté tarde.

ADMIRA MÁS DE LO QUE ENVIDIAS

Sí, a veces da coraje saber que a alguien poco talentoso le va bien –incluso mejor que a nosotros–, pero siempre podemos concentrar nuestra mente en otro lado: piensa en una persona que admires económicamente, ¿qué hace?, ¿cuál es su estrategia? No pensabas que su fortuna apareció de la nada, ¿verdad?

¡ADMINÍSTRATE!

No hagas números demasiado anchos y espaciados porque gastarás más de lo que tienes. Tampoco muy juntos porque sin la separación adecuada, serás un codo.

1   2   3   4   5

12345

1 2 3 4 5

Grafoterapia

Agrégale un número escondido a tu firma –los hombres y las mujeres más ricas del planeta lo tienen–. No se vale agregar un cero ni un valor infinito.

Convéncete y escribe con decisión:

"Yo soy prosperidad."

Con letras en amarillo: pon tu firma y el signo de pesos a un lado. Pronto verás cómo todo cambia.

Usa tu mano izquierda para ser más inteligente

Dicen por ahí que los zurdos son más inteligentes. En realidad, los zurdos se ven obligados a desarrollar más su cerebro porque el mundo está construido para los diestros. A continuación, te presento una lista de personajes zurdos que han trascendido en la historia:

Astronautas: Neil Armstrong –primer ser humano en pisar la luna–, Buzz Aldrin, Edwin Aldrin, Jim Lovell.

Políticos: George Bush –padre–, Príncipe Carlos de Inglaterra, Fidel Castro, Bill Clinton, Gerald Ford, Herbert Hoover, Isabel

II de Inglaterra, John F. Kennedy Jr., Ronald Reagan, Harry S. Truman, Reina Victoria de Inglaterra.

Músicos: Ludwig Van Beethoven, David Bowie, David Byrne, Enrico Caruso, Phil Collins, Céline Dion, Bob Dylan, Kurt Cobain, Jimi Hendrix, Annie Lennox, Paul McCartney, George Michael, Wolfgang Amadeus Mozart, Niccolo Paganini, Iggy Pop, Cole Porter, Sergéi Rachmaninov, Maurice Ravel, Robert Schumann, Paul Simon, Ringo Starr, Sting, Roger Taylor, Atahualpa Yupanqui.

Personajes históricos: Alejandro el Grande, Billy the Kid, Simón Bolívar, Napoleón Bonaparte, Carlomagno, Winston Churchill, John Dillinger, Eduardo III, el Estrangulador de Boston, Benjamín Franklin, Mahatma Gandhi, Jack el Destripador, Juana de Arco, Julio César, Horatio Nelson, Friedrich Nietzsche, Ramsés II, Tiberio...

Y faltan muchísimos más. Por eso usa la mano izquierda para todo y crearás nuevas conexiones en tu cerebro; si eres zurdo, trabaja con la mano derecha. Un ejercicio más para desarrollar tu inteligencia es la escritura especular, justo como lo hacía Leonardo da Vinci, ¿la conoces?

ESCRITURA ESPECULAR

La escritura especular a veces se utiliza como una forma extremadamente primitiva de cifrado. Leonardo da Vinci es famoso, entre otras muchas cosas, por la mayoría de sus anotaciones personales –como en el *Hombre de Vitruvio*–, donde utilizó este método, combinándolo con siglas y abreviaciones para hacer más difícil su lectura. Probablemente así intentó proteger sus ideas y evitar que se las robaran: así las ocultó a la Iglesia Católica, que tenía ideas opuestas a las suyas. Él sólo utilizaba la manera estándar de escritura si consentía que sus anotaciones fueran leídas por otras personas. Da Vinci era ambidiestro y solía escribir con la mano izquierda.

Pero ¿qué es la escritura especular? Es una forma diferente de escribir: se hace en dirección opuesta –de derecha a izquierda– a la que usualmente lo hacemos –de izquierda a derecha–. El resultado es una imagen especular de la escritura normal, es decir, al revés. ¿Suena complicado? Ve el siguiente esquema:

Escritura normal

G	R	A	F	O	L	O	G	Í	A
1	2	3	4	5	6	7	8	9	10

Escritura especular

A	Ì	Ɔ	O	⅃	O	ᖷ	A	Я	Ɔ
10	9	8	7	6	5	4	3	2	1

¿Por qué se llama escritura especular? Porque con la ayuda de un espejo se invierte el sentido de la palabra ¿Te has fijado que al frente de algunas ambulancias está escrito "AIƆNAJUBMA"? De esta forma los conductores que se encuentren delante de ella pueden leer a través del espejo retrovisor correctamente la palabra "AMBULANCIA", en su sentido normal.

Inténtalo, en una hoja pon tu nombre utilizando la escritura especular, coloca frente a ella un espejo y lee a través de él.

PARA SER MÁS INTELIGENTE
LEE MÁS, ¡MUCHO MÁS!

Está científicamente comprobado que la lectura, además de enriquecer nuestro vocabulario, aumenta nuestra inteligencia lingüística y nos permite desarrollar nuestra creatividad.

UTILIZA TWITTER

Sí, algunos estudios revelan que escribir tweets te ayuda a ser más inteligente, porque Twitter te obliga a interactuar y desarrollar tu capacidad de síntesis, ¿ya escribiste tu tweet? Los insultos no cuentan.

APRENDE OTRO IDIOMA

Habla con personas diferentes de todos lados, de todo el mundo. Pero, sobre todo, genera conversaciones que te abran la mente y de paso el corazón.

Cómo lograr TODO lo que quieres

La voluntad es la facultad para decidir, así de fácil es definir uno de los conceptos más importantes en la vida. La voluntad es una capacidad intelectual que representa la fuerza del Yo para dirigir y mantener la orientación de la acción hacia el cumplimiento de los objetivos.

FUERZA DE VOLUNTAD

Según Desmond Morris, la tendencia del hombre moderno es creer que está regido por impulsos incontrolables. Sin embargo, la fuerza de voluntad reduce del 70 por ciento al 17 por ciento el promedio de ejecución de esos impulsos no deseados; sin fuerza de voluntad, es imposible tomar decisiones libres, y todo ser humano es esclavo de sus instintos.

A mediados de enero sólo 25 por ciento de las personas mantiene sus buenos propósitos, seis meses después esta cifra mengua hasta 5 por ciento. La inseguridad, el pesimismo, la baja autoestima y la debilidad en el carácter atentan contra el ejercicio de la voluntad; otro grave problema es el autosabotaje. ¿Por qué sucede todo esto? Porque hacen más ruido en nuestro cerebro los fracasos que nuestros aciertos. Entonces cuando dicen: "Tú puedes, échale ganas, sólo es fuerza de voluntad" –como si fuera todo fácil–, es mentira, mas no imposible.

La fuerza de voluntad se adquiere con persistencia. La ciencia demuestra que quienes se dedican a cultivar su fuerza de voluntad, invierten en su educación y en su felicidad, y eso sí cambia tu vida.

Grafoterapia

Ahora sí, directo a las soluciones.

En la siguiente hoja escribe cuál es tu proyecto, cuál es tu objetivo y de forma muy clara escribe paso a paso qué debes hacer. Con letra grande y cuadrada, tinta negra, azul marino o gris, cuando termines no olvides poner punto final:

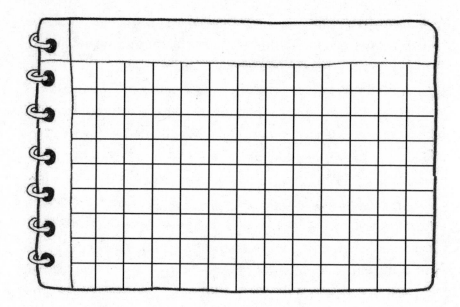

Es muy importante que siempre escribas en cuadrícula chica, porque estructura mejor tus ideas y te da orden, justo lo que necesitas cuando te falta fuerza de voluntad.

Aprende a llevar registros, es decir, si puedes cómprate un marcador y palomea cada cosa que haces para conseguir el éxito en tus propósitos. Es fundamental no perder de vista lo que quieres.

No pienses en el esfuerzo, piensa en el beneficio. Si te enfocas en lo terrible, difícil o complicado, menos vas a lograr tomarte en serio tus sueños. Visualiza los beneficios que conseguirás: ponerte esos jeans, comprarte esa casa, tener ese coche, todo vale la pena, te lo aseguro.

Sé flexible, no se trata de caminar como soldadito sin voltear a ver a nada. Como ya lo vimos, no existe la perfección. Si te sales un día del plan, no te preocupes, retómalo y continua. Eso también es parte de aprender a cumplir nuestros objetivos.

Perdónate por tus errores, claro que te equivocas, es inevitable y normal. Tu fuerza de voluntad crece cuando superas un error, aumenta tu motivación y tu compromiso.

Haz de tu imagen un sello personal (colaboración de Natalia Muñoz Gutiérrez, imagóloga)

¿Alguna vez te paraste frente al espejo y te preguntaste qué piensan los demás de ti? ¿Cuántas veces una persona desconocida con sólo verla ya te dio una mala impresión? Seguramente muchas. La imagen personal es la opinión que familiares, amigos, compañeros de trabajo y la sociedad en general, tienen sobre alguien de acuerdo con su apariencia física, lenguaje verbal y no verbal, acciones cotidianas y su forma de interactuar.

En tan sólo unos segundos nos formamos el concepto de alguien, incluso antes del primer contacto verbal. Tener una imagen es esencial, por eso debemos trabajar constantemente en ella, crear un sello personal para ser recordados como nos gustaría que lo hicieran, de ello depende si te van a preferir o rechazar. La primera impresión es sumamente importante. En términos de imagen, nuestras acciones se convierten en la mejor arma o en la peor desgracia: de ellas depende nuestra reputación.

En ocasiones, las personas suelen manifestar actitudes que no van acorde con su esencia, eso provoca un fallo en la comunicación, es decir, la persona se percibe como falsa o fingida.

Por eso, a continuación te proporcionaré tres pasos para ayudarte a potencializar tus atributos personales y conducir tus actitudes de manera correcta.

1) Cuál es mi imagen actual

Es muy fácil, con algunas preguntas sabrás cuál es la percepción que tienen de ti de acuerdo con tus acciones:

• ¿Quién eres?

Para responder, es muy importante que realices una introspección, explora tus orígenes, tus niveles de conocimiento, habilidades, metas, así como tus fortalezas y debilidades sociales, familiares y laborales. Saberlo te servirá para ubicar tu esencia personal y conocerte.

• ¿Qué hago para transmitir quién soy?

Reconoce tus herramientas de comunicación y cómo las manejas:

VESTIMENTA. ¿Mi ropa y accesorios son adecuados al tipo de trabajo que tengo?, ¿me veo como una persona profesional?, ¿proyecto ser una persona autoritaria o accesible?

COMUNICACIÓN. ¿Cuál es mi estilo al escribir?, ¿tengo buena ortografía?, ¿mi tono y ritmo de voz es el adecuado?, ¿las palabras que utilizo son las correctas?, ¿mis gestos y expresiones son buenos?

REDES SOCIALES ¿Cómo son mis fotografías y videos?, ¿qué proyectan mis redes sociales?, ¿qué tipo de contenido comparto? ¡Recuerda que todo comunica! En nuestra era digital bastan unos segundos para destruir una imagen que se cuidó por años.

• ¿Qué piensan de mí?

Una manera sencilla de saberlo es realizando un sondeo con familiares, amigos y compañeros laborales. Pídeles que te definan con una palabra, con sinceridad. Que te indiquen una fortaleza y una debilidad tuya. Anótalas, no las olvides. Así conocerás el concepto en que te tienen y la imagen que proyectas.

Seguramente encontrarás comentarios de todo tipo, tómalos como áreas de oportunidad para trabajar en ellas y así potencializa tu imagen.

2. Qué imagen personal quiero tener

Para determinarlo, es necesario establecer cuáles son las características de mi entorno y definir mis objetivos.

• Analiza tu entorno

¿Cómo es?, ¿qué pasa?, ¿qué quiere la gente?

• Detecta la competencia

¿En qué rango de edad se encuentran?, ¿qué hacen?, ¿en qué se asemejan y diferencian de mí?

Basándonos en estos puntos podrás definir tus objetivos y determinar si deseas proyectarte como una persona culta, inteligente, creativa, rebelde, trabajadora... al final, tú decides. Por ejemplo, si eres un deportista, dentro de tus objetivos podrías proyectarte como una persona sana, dedicada y perseverante.

3. Y ahora... ¿Cómo voy a cumplir mis objetivos de imagen?

La imagen personal es como una marca, hay que construirla, darle un valor diferenciador y cuidarla permanentemente para conservar una imagen positiva.

Sea cual sea tu objetivo, lo que dices o haces, es importante ser coherente con tu esencia para alcanzar lo que quieres. Es decir, si buscas ser percibido en el trabajo como una persona capaz y dedicada para lograr el puesto que deseas, entonces así debes ser: puntual, resolutivo, comprometido, tener buena ortografía, hablar de manera apropiada, vestir de acuerdo con tu trabajo y tener el cuidado físico necesario; porque eso caracteriza a un persona capaz y dedicada.

Es sumamente importante detectar cuál es tu factor diferenciador, de ahí derivan tus fortalezas personales. Pregúntate, ¿qué hago yo que ninguna otra persona hace mejor?, ¿qué me hace diferente de los demás?; exactamente ese factor diferenciador es el que le da valor a tu persona y sin duda es tu mayor herramienta para lograr una imagen personal exitosa.

Recuerda, la imagen que proyectas es el resultado de quién eres y lo que haces, ¡Cuídala! y pon atención en los pequeños –grandes– detalles que indudablemente hacen la diferencia.

Estoy listo: ¿Cómo ligar en redes sociales?

1. BUSCA UNA BUENA FOTO DE PERFIL

Por supuesto, las fotos siempre sacan nuestro lado más favorecedor, pero eso no es suficiente. Escoge fotos adecuadas que hablen de ti, de tu trabajo y tus aficiones. Porque debemos mostrar imágenes en donde salgamos disfrutando de nuestra vida. Por ejemplo: si te gusta esquiar, pon una foto en la que estés esquiando; si trabajas como camarero en un bar, selecciona una foto en donde aparezcas preparando una copa; si eres súper sociable muestra una foto con todos tus amigos. Recuerda, las fotos son una gran fuente de información y, además, pueden servir para generar conversaciones.

2. ¿QUÉ ESCRIBIR EN TU PERFIL?

Si no sabes qué escribir en tu perfil, no busques más, sólo di lo que tú eres, como quieras y a tu manera. Cada quién es diferente y eso nos da nuestra personalidad. Sólo te pido, hagas lo que hagas, no pongas "forever alone" o "busco pareja urgentemente".

Y no lo olvides, siempre ten un perfil coherente contigo.

3. TOMA LA INICIATIVA

¿Escribirle o no escribir? ¡Escríbele! Porque al que no habla, Dios no lo oye. No lo dudes, decídete y saluda. Eso sí, sin agobiar.

4. ¿QUÉ ESCRIBIR EN EL SALUDO?

No pongas sólo un: "Hola", escribe una pregunta: "¿Cómo estás?" Y además agrega un comentario: "Me dio mucho gusto conocerte." Si eres hombre, sé caballeroso y pon: "Estoy a tus órdenes." Si no te contesta de inmediato, no satures con mensajes de: "???"

5. ¿QUÉ HACER SI TE CONTESTA?

Sigue la plática, trata de hacer preguntas e invita a salir. Más vale salir de la *friendzone* lo antes posible.

6. REVISA SU PERFIL

Se vale estalkear. Aunque no se sigan, investiga sus gustos e intereses, has comentarios relacionados con ello, eso atrapa.

7. NO CONTESTES DE INMEDIATO

"Date tu taco" como dicen los que saben, tantito nada más.

8. LO MÁS IMPORTANTE

Sé tú, no finjas. No mandes fotos totalmente editadas, no te critiques ni te quejes. No hay mayor afrodisiaco que una persona contenta en su piel.

3

HISTORIAS Y EJERCICIOS DE REINVENCIÓN

La reinvención de la creatividad

Soy Gus Rodríguez, publicista. Trabajé como director creativo en cientos de campañas, muchas de ellas exitosas, donde casi siempre el común denominador era el humor.

Después de años, todavía se pueden ver vestigios de mi paso por la industria publicitaria con productos como *Melate*, concurso al que le puse el nombre, logotipo y realicé la campaña de lanzamiento.

No fue una desgracia ni una adversidad lo que me obligó a reinventarme: fue el deseo de encontrarme con la comedia y la tele, que me habían llamado la atención desde mi infancia. Abandoné mi zona de confort dentro de la creatividad publicitaria, en la cual no me iba mal, y así empecé otra carrera de la que mucho intuía, pero poco conocía: hacer humor para Eugenio Derbez.

Al principio fue fácil pues saqué del baúl las ideas que había desarrollado por años y las usé prácticamente todas en un programa especial para *La Movida,* con Verónica Castro.

De inmediato le ofrecieron a Derbez un programa para Canal 2 y ahí planeamos lo que poco después sería *Al Derecho y al Derbez*, un programa de humor con un tema específico por capítulo.

En la licenciatura en publicidad había tenido maestros de diseño, redacción, historia del arte... pero para la comedia que estábamos creando, mis pocos maestros fueron Chespirito, Rodríguez Ajenjo y Mauricio Kleiff, a los que sólo los había visto en la tele. Entonces tuve que desarrollar mis propias técnicas y caminos.

Tal vez mi especialidad más distintiva y la que cultivé por más tiempo, es el manejo del lenguaje al servicio del humor. Eso me ha servido mucho para crear contenido.

Aunque tengo que decir que eso de "ser creativo" suena de lo más presuntuoso.

Para mí, el término *crear* no existe, todo se trata de combinar los elementos que conocemos para lograr algo diferente; toda creación tiene sus antecedentes. Hasta Dios necesitó combinar barro y el aliento de vida soplado por las narices, para crear al hombre. Con esto quiero decir que no hay nada nuevo bajo el sol y todo lo diferente, lo creativo, sólo es la combinación de lo que ya existe.

Para mí no existen los creativos, sino los combinadores originales. Pero para efectos de este texto, dejémoslo como conocemos este convencionalismo.

Para mí, las características que un creativo debe tener son:

• Capacidad de observación.
• Capacidad de análisis.
• Capacidad de síntesis.

Por eso entre más conozcas, de lo que sea, más elementos tendrás para analizar y sintetizar en una nueva idea. Un creativo debe conocer las reglas, porque sólo así sabrá cómo romperlas o darles la vuelta. Y es que el peor enemigo de la creatividad es la costumbre, el pensar que "siempre se ha hecho así".

Uno de mis ejemplos favoritos para hablar de creatividad es el del elefante. Para los elefantes de circo, uno de sus grandes problemas es –o era, porque ya están prohibidos los circos con animales–, lo que se considera su más grande cualidad: su gran memoria.

Cuando una cría de elefante llegaba a un circo, se le ponía un grillete en su pata y se le encadenaba a una estaca clavada a la tierra. Y así, todos los días, el elefante crecía encadenado a la estaca. Cuando ya era adulto, el elefante, con su gran memoria, sabía que no lograría liberarse porque todos sus primeros años no pudo zafarse... ya ni siquiera lo intentaba. Sin embargo, si se hubiera visto obligado por un incendio –por ejemplo–, el elefante de más de dos metros de alto y cinco toneladas de peso indudablemente lograría arrancar la estaca y huir.

Así nos pasa a nosotros. Sabemos que hay cosas que no se hacen porque nunca se han intentado y simplemente ni lo intentamos. Y cuando un loco no sabe que no se puede, lo intenta y lo logra, todo mundo lo alaba como un gran genio creativo.

Otro paradigma que también me ayuda para ejemplificar la creatividad viene también del mundo animal. Había cinco monos a los que se les encerró en una habitación con una escalera al centro y una suculenta penca de plátanos en la parte superior. Cuando el mono 1 subía por la penca, los cuatro monos que se quedaban abajo recibían una ducha de agua helada con una manguera a presión. Los monos 2, 3, 4 y 5, después de varios baños, se armaron de valor y jalaban y golpeaban al mono 1, o a cualquier otro que intentara subir por la penca.

Después de varias empapadas, sustituyeron al mono 1 por el mono A, quien feliz llegó dispuesto a trepar para alcanzar la maravillosa penca, pero los monos 2, 3, 4 y 5 lo bajaron en todos sus intentos y le propinaron una inexplicable golpiza. Poco después sustituyeron al mono 2 por el mono B, quien, desde el primer momento, intentó subir por la penca, pero los monos 3, 4, 5 y el A, le pusieron su respectiva paliza. Cuando sacaron al 3 para meter al C pasó lo mismo. Tremenda tunda de los monos 4, 5, A y B al desconcertado mono 3. Por supuesto pasó lo mismo cuando cambiaron al 4 y metieron al D. Y finalmente sacaron al mono 5 y metieron al E, quien, como todos en su momento, fue por la penca, pero no llegó muy alto pues recibió una gran golpiza. Ninguno de los monos alfabéticos había sentido el baño helado.

Seguramente el mono E les quería preguntar: "¿Por qué no puedo subir por la penca?" "No sabemos. Siempre ha sido así." Eso nos pasa muy seguido en nuestro trabajo, no importa a lo que nos dediquemos y, créanme, no atreverse es el peor enemigo de la creatividad.

Debemos intentar lo que nadie se ha atrevido hacer. Si de cada mil intentos se logra una, les juro que vale la pena, porque es cuando todos dicen: "Qué barbaridad, ¡qué creativo eres!" Aunque realmente es más una mezcla de perseverancia o necedad que de talento.

Algo que también me ha funcionado en mi carrera como creativo, son las *cajitas* –así las llamo–. En ellas guardo las ideas que particularmente a mí me sirven, por ejemplo, para hacer humor.

Una de las cajitas que tengo tiene el rótulo de "Nombres chistosos". Entonces cuando escucho un nombre que puede ser divertido, simplemente lo apunto y lo guardo en la cajita para usarlo en algún momento. Así, al ver lo que tengo en mi cajita descubro más de 700 nombres chistoso.

Tengo los créditos completos para hacer el sketch de una película:

Estelariza: Estela Ariza
Con Helen Canto y Juan L. Gante
Vestuario: Estela de Lino y Danilo Alcocer
Iluminación: Nicol Orea de Rojo
Escenografía: Consuelo Pulido y Paredes Rojas
Maquillaje: Paul Vera y Elba Razo
Peinados: K. Pilar de Cabello Cano y Elba Celina
Música: Concha Arango
Edición: Edith Ávalos
Audio: Connie Vélez

Pensar estos nombres frente a un papel en blanco no habría dado mucho resultado y hubiera sido agotador. Por eso hay que ir guardando las ideas en cajoncitos. El cerebro se encargará todo el tiempo y sin gran esfuerzo de buscar y encontrar las ideas que le has programado con algo que se llama percepción selectiva. Esa es la razón por la cual tú, más que la demás gente, ves más autos del color y del modelo como el tuyo.. Y no es que los busques. Tu cerebro está programado para hacerlo. Ahora, cuando el cerebro te las ponga frente a los ojos, sólo debes guardar esas ideas en los cajoncitos que tú hayas programado.

Entre los cajoncitos que yo tengo están:

Letreros con errores ortográficos.	Frases estilo Armando Hoyos.
Palabras con doble acepción.	Palabras que funcionen en inglés y en español.

Así ya no las busco, gracias a la percepción selectiva saltan a mi vista, y sólo hay que apuntarlas, o sea guardarlas en sus respectivos cajoncitos. Como dicen: "Más vale la débil de las tintas que la más brillante de las memorias" ... a menos que sea una memoria USB en la que puedas guardar tus ideas.

No importa si tú no te dedicas al humor o a la televisión o a la publicidad, creo que todos podemos crear todo el tiempo.

Ejercicio

Reinvéntate: sé más creativo.

- Usa la mano izquierda y si eres zurdo, usa la mano derecha.
- Imagina que eres otra persona, cómo te gustaría ser, dónde vivirías, escríbelo.
- Si ese otro yo te conociera y le contaras un problema tuyo como lo arreglaría.
- Piensa en 5 palabras
- Que tengan las siguientes letras
  - Hfa
  - Psi
  - Org
  - Mao
  - Los

* Lee, todo lo que puedas, todo lo que esté en tus manos.

* Busca un Plan B ante cualquier situación.

* Habla con personas que no están de acuerdo contigo

* Concreta ideas.

* Si tienes alguna dificultad, piensa cómo puedes resolverla.

* Recuerda siempre las palabras de Albert Einstein: "La lógica te llevará del punto A al punto B. La imaginación te llevará a todas partes."

Reinventarme en lo laboral

Soy María del Carmen Morfín, tengo 46 años y soy una soñadora profesional, con maestría en imaginación y magia.

"Y construyó castillos en el aire a pleno sol con nubes de algodón...": así inicia el coro de la canción "Castillos en el aire" del gran cantautor argentino, Alberto Cortez, y esa es mi canción, la que me define mejor, la que me reinventa todos los días, la que dice quién soy; ahora sabrán por qué.

Comencé a leer desde pequeña porque me llamaban mucho la atención los monitos del periódico *Excélsior* que venían como regalo en la edición dominical, sobre todo las tiras de Mafalda. Entré al kínder muy emocionada, ahí me dieron las fórmulas mágicas para descifrar las letras y enterarme de todo lo que decían las palabras.

Y así como la luna y las estrellas: "junto con pegado", aprendí a leer, e inmediatamente después comencé a escribir. Escribía todo el tiempo: cartas, canciones, cuentos, obras de teatro que regalaba a mis primos en las comidas familiares de los domingos, etc. Escribir vino conmigo desde la cuna, desde mi interior, desde mi corazón.

Así pasaron los días, unos buenos, otros malos, pero yo siempre escribiendo. Mis amigas de la primaria, de la secundaria y hasta de la prepa me pedían que les escribiera poemas y cartas a sus enamorados, y a mí me encantaba esa encomienda romántica y cursi, me hacía sentir especial, soñadora, romántica y escritora, muy escritora. Cuando tenía once años mi padre murió por una enfermedad cardiaca que ya padecía; ese lamentable acontecimiento, aún hoy, me duele y molesta.

Encontré en medio de mis palabras consuelo y un poco de paz. Las palabras tienen mucho de medicina, son amigas, confidentes, asesoras, incluso droga, son un refugio invisible e invencible.

Para entonces yo estaba más que convencida: mi vida serían las letras, aunque todavía no sabía por dónde se abriría mi camino literario. Cuando estaba haciendo la preparatoria –a los 16 años, todavía perdida, pensando en mi futuro con más dudas que respuestas– veía todos los fines de semana un programa de comedia que transmitía Imevisión, o sea la televisión del Estado, que era como el "papá" de Televisión Azteca. Aquel programa se llamaba *La caravana*, lo hacían Víctor Trujillo y Ausencio Cruz, una pareja de actores maravillosos, que llenaban la pantalla con su talento e ingenio. Víctor Trujillo interpretaba a un payaso sarcástico, irreverente y colorido, él contaba cuentos muy a su modo... ¿adivinaste? ¡Claro!: Brozo. Pues yo me enamoré de Brozo cuando lo vi por primera vez. Caí en sus redes y supe que quería escribir sus cuentos. Cuando hablé con mi mamá sobre este asunto, se puso literalmente como loca. Mi mamá es de Coahuila y tiene un hermoso acento norteño, ya se imaginarán cómo me dijo: "¿Estás loca María del Carmen? En ese mundo sólo hay gente rara y tú eres una niña, jamás permitiré que te vayas a meter ahí. ¡Nada más eso me faltaba!, ya me imagino, tú tan inocente y medio mensa buscando la manera de que esas personas te hagan caso y te den una oportunidad y en el peor de los casos quieran abusar de ti, así es que, ¡no mijita! De esto ni hablar, no quiero que tengamos problemas, por eso te olvidas de tus sueños de ser escritora de Brozo y sigues estudiando la prepa y luego ya veremos qué pasa."

¿Y qué creen? Por supuesto, no le hice caso. Gracias a Dios seguí mis instintos y comencé a hacer algo malo, pero de lo que hoy me siento profundamente orgullosa: fingía ir a la prepa y me iba a parar afuera de Imevisión con mi folder llenito de cuentos para Brozo hechos en mi máquina de escribir; orgullosamente pertenezco a la generación que pasó de la máquina de escribir a las primeras computadoras cuando parecían un poco robots u hornitos eléctricos, bueno esa es otra historia. Estuve de pinta muchos días. Créanme, no fue nada fácil, comencé a creer las palabras de mi mamá: eso de ser escritora de cuentos para Brozo parecía una misión imposible.

Pero cuando quieres algo, y de verdad lo quieres con el corazón, con el alma, con las tripas, con los ojos, con la vida, no permites que se te caigan las alas así como así. De tanto ir a pararme a las puertas del canal de televisión, uno de los músicos de *La caravana* me dijo: "Oye te veo aquí todos los días y tengo mucha curiosidad de saber qué haces o qué quieres, o qué vendes." Muy segura de mí, le respondí: "Vendo cuentos para Brozo, ¿lo conoces?" "No sólo lo conozco, trabajo con él, ¿quieres pasar a verlo?" En ese momento sentí cómo cientos de cohetes de mil colores estallaron en el cielo igual que en las fiestas de los pueblitos, todos me tronaron en el corazón. Aquel hombre maravilloso me permitió entrar al canal, conocer los foros donde grababan el programa y conocer a las personas que lo hacían, los cerebros que escribían. Me presentó con Ramiro Gómez –mi gran maestro, a quien le debo mucho de lo que aprendí en el medio de los guiones de televisión–, le dijo que yo quería escribir para Brozo y tenía muchos días esperando la oportunidad de entrar y bla, bla, bla… Después, Ramiro tomó mi folder de cuentos, amablemente los leyó y me dijo que tenía buenas ideas. Obviamente tenía mucho por aprender, pero me dio una oportunidad. Más cohetes trona-ron en mí ser y desde entonces, julio de 1991, hasta ahora, mi vida son los guiones, las letras y las ideas.

Aprendí mucho sobre la marcha, ya se suman varios progra-mas a mi currículum, amigos, experiencias buenas y otras no tanto, desilusiones y aciertos. Esto de vivir y estar vivo es como hacer un castillo de arena, puedes hacerlo hermoso, con muchas torres y ventanas, pero de todas formas en cualquier momento vendrá la ola y se lo llevará. Es entonces cuando debes ser fuerte, reinventarte y volver a comenzar. De cada error o mal rato debe-mos aprender para estar preparados, y ante cualquier situación adversa, salir adelante con nuestra experiencia.

En 30 años de carrera y 46 de vida, créanme, hice varias ver-siones de mí. De no ser así, no estaría en donde estoy. La vida me enseñó que, aunque las cosas se pongan feas y no encuen-tres salida, siempre aparece una rendijita donde entra la luz y te da lo necesario para tener fuerzas y volver a tocar otra puerta y pedir otra oportunidad. Fui muchas Maricarmen Morfin a lo largo de mi vida, y de todas aprendí algo que me sirvió para ser quien soy el día de hoy, y espero que para muchos días más.

Hace dos años mi vida dio un giro de 180 grados ¡Pum! De golpe, cuando creía que tenía compradas todas las propiedades valiosas de mi propio tablero de turista mundial, cuando nada podía ha-cerme caer, cuando mi confianza en mi destino era enorme. Mi empleo de 30 años se acabó, sí, después de 30 años y a los 45 años, me quedé sin trabajo –y ésta fue una de mis mejores reinven-ciones–. Mi vida era casi perfecta, porque las vidas perfectas no existen, pero la mía casi lo era y de la noche a la mañana me vi em-pacando en una caja 30 años de experiencias, de batallas ganadas y otras más perdidas, de viajes, de desveladas, de muchas ideas maravillosas y de otras más que se quedaron en mi cuaderno o se fueron a la basura… 30 años de ver a las mismas personas, de trabajar súper a gusto, de luchar por hacerlo mejor.

Recordé que no puedes quedarte al lado del camino viendo a todos pasar; lo lamenté mucho. Pero como ya les conté, mi vida ha sido luchar y luchar, por eso busqué nuevos proyectos. No fue fácil, porque después de los 35 años, en mi bello México, te conviertes en una pieza de museo. Escuché varias veces la siguiente frase: "Tienes un currículum increíble, pero no puedo contratarte por tu edad, ahorita el máximo son los 33 o 35 años…" ¡Auch! ¿Qué feo, no creen? Afortunadamente uno de mis principales defectos es también una de mis más grandes virtudes, soy súper terca. No me detuve, seguí buscando y por primera vez incursioné en los guiones de teatro, resultaron ser una buena y hermosa salida a mi creatividad. Cuando eres escritor de corazón, créanme, las palabras no se están quietas, las letras y las ideas te gritan desde el fondo de tu espíritu, queriendo escaparse y encontrar a dónde ir, a dónde crear, a dónde volver a formar un sueño. Exploré un camino que no creí y que me dejó momentos muy gratos de alegría y satisfacción profesional.

Quiero decirles antes de terminar: este texto también es parte de mi reinvención de vida, me hace muy feliz compartirles todas estas palabras que tejen juntas mi vivir. No duden nunca, todos sus sueños se pueden convertir en realidad. Yo lo logré a pesar de tener todo en contra. Tengo muchas metas en mente y busco todos los días caminos para lograrlas, ojalá ustedes que amablemente leen mi historia rescaten sus sueños y trabajen desde ahora y para siempre para hacerlos realidad.

Comencé mi relato con la frase de una canción: "Castillos en el aire", ahora cierro con otra más que también habla mucho de lo que creo y siento, interpretada por la gran Mercedes Sosa, poema de la inolvidable poetisa chilena Violeta Parra: "Gracias a la vida que me ha dado tanto."

Ejercicio

Responde con el corazón: ¿Te atreverías a desafiar a tus padres para seguir tus sueños? ¿Cuántas versiones de ti has sido? Si después de treinta años acaba tu trabajo, ¿qué haces?, ¿qué vas a hacer ahora?

Cuando me sacaron del trabajo con policías...

PRIMERA REINVENCIÓN

Soy Ernesto Buitrón, reportero de espectáculos, tengo 35 años. Hablar de reinvención podría ser complicado y más en estos días en los que todo gira en torno a tu imagen, física o virtual. En mis tiempos –nunca pensé decir esto–, pero en mis tiempos de escuela todo era más fácil, apenas comenzaba el internet y Napster y el ICQ eran básicos, con ellos podías tener música gratis y chatear con tus pocos amigos virtuales. Nada más nos importaba.

Conforme avanzas en la escuela crecen tus responsabilidades. La verdad nunca me importó mucho: me gustaba ir de fiesta, tomar con mis amigos y hacer nuevas amistades en esas fiestas, ya si me quedaba tiempo tomaba algunas clases. Eso sucedió cuando apenas tenía 17 años, todo era divertido, si un día me pasaba de copas al otro descansaba más o me iba a otra fiesta, fueron buenos años. Pero todo exceso siempre trae una consecuencia y la mía fue reprobar un año de preparatoria. Por cierto, curse mi educación media superior en la Escuela Nacional Preparatoria número 2, "Erasmo Castellanos Quinto", de la UNAM.

Poco a poco comencé a ver cómo mis amigos avanzaban y yo seguía en la fiesta. Hasta que un día decidí reinventarme, fue la primera vez. Cumplía 18 años y las fiestas seguían siendo divertidas, pero algo dentro de mí me decía: "Es momento de darle otro rumbo a tu vida." En la preparatoria no iba muy bien, el año que perdí me dejó atorado con dos materias que nunca pude pasar en el examen extraordinario: Lógica y Física, parecían imposibles de cursar, y más de aprobar en un solo examen.

Hasta ahora sigo sin encontrar una explicación lógica. Mi primera reinvención fue cuando recibí los resultados de mis exámenes, aprobé ambos y con ello aseguré mi pase a la universidad. El haber terminado la prepa en cuatro años me dejó como opción profesional una carrera que jamás contemplé, por eso un año después abandoné Diseño industrial.

Un día, gracias al apoyo de mi madre –que no es por nada, pero siempre ha sido una chingona–, decidí abandonar la FES Aragón, a la mitad del primer semestre. Ahí estudiaba Diseño industrial. Pasados dos meses me integré a lo que sería, hasta hoy en día, mi más grande pasión, las comunicaciones.

Cursé la carrera de Ciencias de la comunicación en el Colegio Holandés, una institución que conocía gracias a algunos amigos y que, en primera instancia, era el paraíso de las fiestas, aunque también de muchos egresados que destacaban en los medios de comunicación. Bueno, por lo menos eso me contaban, al final eso no fue tan cierto, pero gracias a mis buenos resultados escolares obtuve una beca que me permitió continuar mis estudios.

Mis días de universidad eran lo máximo, cada una de las materias me retaban a estudiar y me gustaban más. Aproveché ese tiempo muchísimo, la verdad no digo lo mismo de mis compañeros de clase porque sólo iban a pasar el rato, no los culpo, a pocos les vi las ambiciones que yo tenía. Así pasaron los primeros cuatro semestres.

SEGUNDA REINVENCIÓN
Muchos piensan que dedicarse a los medios de comunicación es algo fácil y sólo se llega con palancas. En mi caso no fue así, puedo presumir que cuando llegó la segunda reinvención

en mi vida, estaba consciente de los riesgos. Yo comencé en el periodismo de espectáculos, sacando basura, durmiendo cinco horas al día y retándome para aguantar y así superarme.

Mis primeros semestres me dieron la oportunidad de conocer a una excelente persona y amigo, trabajaba en la empresa Starpop −cadena de radio online, tenía una cabina en la universidad−, Raúl Ortega, además de ser generoso con su conocimiento siempre me brindó su apoyo y me ayudó a entender lo que sucedía en los medios de comunicación.

Su experiencia como ex reportero de Noticieros Televisa lo había llevado a manejar las relaciones públicas de Starspop. Yo sólo lo apoyaba acompañándolo a muchos eventos y conferencias, aún recuerdo sus consejos: "Ernesto, cuando llegues a un lugar, saluda", "apúntate en todas las listas, así estarás en la agenda de los organizadores". Estos y muchos consejos más, aún los tengo presentes. Un día, por diferencias con el dueño, nos corrieron a los dos. Lo raro es que nunca nos pagaron, entonces no estoy seguro si aplica bien el término "despido".

Cuando terminaba mi cuarto semestre, en una Semana de la comunicación, un invitado que dio una conferencia atrajo mi atención, se llamaba Noé Garza, era ex camarógrafo de TV Azteca y tenía una agencia propia de información que surtía reportajes a cadenas importantes como Telefutura, Univisión, Telemundo y Caribevisión, todas exitosas en los Estados Unidos. La invitación que Noé me hizo fue abierta. Lo recuerdo, él comentaba que buscaba jóvenes entusiastas ávidos por aprender. Días después descubrí que nadie se presentó, sólo yo. Era muy curioso, ingenuamente pensaba que así tendría más chance de quedarme, y no estaba equivocado. Me quedé y mis tareas, lejos de lo que pensaba, eran sencillas: llegar temprano y ver que el camión se llevara la basura.

Sencillo o no, eso me gustaba. Durante mi estancia conocí a grandes reporteros que admiraba y aún admiro porque aprendí mucho de ellos, Raquel Sanz, Addis Tuñón y Edén Dorantes eran la plantilla base de ese equipo. Meses después tuve la suerte de conocer a Lili Cabañas, Juan Martin Aguilar, Miguel Politron y otras personas que eran parte del proyecto. Así comencé, aprendiendo de ellos, leyendo sus notas, sus reportajes, divirtiéndome con sus chistes, incluso, muchas veces, con su presuntuosidad.

Mi trabajo ahí me daba la oportunidad de seguir estudiando, hasta que llegué, por el consejo de camarógrafos como Raúl Martínez Candía, a *La oreja*, programa estelar de Televisa y en donde todo el mundo quería estar. Sigo sin creer cómo un año de sacar la basura a diario, ayudar a reporteros y asistir a cámaras cargando sus equipos, fue suficiente para ponerme a prueba en un lugar tan importante, pero pasó.

Un mes de estar asistiendo a diario me bastó para quedarme en la plantilla base de reporteros, aún recuerdo cuando conocí a Flor Rubio, tenía una personalidad arrolladora y además era la jefa de información. Estar en la misma oficina de personas como Verónica Bastos, Alejandra Carniago, Arturo Pacheco era un sueño, el puro hecho de estar, ya te hacia ganador, aunque debo reconocer que mis primeros meses fueron una prueba demasiado difícil, mis notas eran una porquería y si no fuera por los consejos que me daban no lo hubiera entendido.

Un año después, todo se acabó y volví a comenzar de cero.

TERCERA REINVENCIÓN

Lo más divertido de dedicarse a los medios de comunicación es que nunca sabes qué pasará al día siguiente. Mientras estuve como reportero de *La oreja* viajé como nunca, conocí lugares, personas, artistas y gente que en mi vida me hubiera imaginado toparme. Pero también, el quedar fuera de un proyecto muchas veces es complicado, si no tienes la palanca o el conocido, te quedas fuera.

La tercera reinvención de mi carrera se dio cuando llegue por recomendación de Arturo Aparicio, ex reportero de espectáculos de Televisa, famoso por pisarle y romperle la carísima chancla a Michelle Salas en el aeropuerto. Aparicio tuvo la gentileza de recomendarme para un trabajo como reportero en MVS Televisión, una televisora local de la Ciudad de México, pero que me abrió las puertas semanas después de que me corrieran de Televisa.

Para ser sincero, la idea me agradó, aunque debo reconocerlo, después de trabajar en Televisa, el golpe a mi ego fue duro. Pero no dudé en presentarme semanas después, tras atravesar por una depresión post despido. Recuerdo bien que la jefa era Yolanda Morales, reconocida publicista de artistas, y el productor sólo me acuerdo que le llamaban Navarro, un tipo mal encarado y que inmediatamente me dijo: "Hay poco pago pero la pasarás bien."

Mi paso por MVS Televisión fue de lo más acertado en mi vida y en mi carrera, conocí gente increíble y personas que me enseñaron a dudar de las apariencias en ese medio –hasta hoy en día lo hago–. *Ya veremos* fue un proyecto que me enseñó lo noble que es la televisión. Aunque mucha gente del medio nos hacía el fuchi y nos decía: "Eres de MVS, nadie los ve", todos mis compañeros siempre daban el cien por ciento y eso era de admirarse, jamás se hicieron chiquitos, siempre trajeron notas increíbles y bien trabajadas.

Meses después *Ya veremos* se acabó y con ello el trabajo de toda la producción, pero gracias a todo lo que hice en ese programa se me abrieron las puertas de otra oportunidad: *No lo cuentes*, de Cadena 3, programa encabezado por el periodista Gustavo Adolfo Infante, quien creyó en mi trabajo después de hacer una investigación sobre el caso de Irma Serrano y una demanda que enfrentaba en contra de su sobrina Pilar.

De Gusto Adolfo Infante aprendí mucho, era una persona implacable en las entrevistas, siempre vestía elegante, con las mejores marcas. Pero su lema, hasta hoy en día es: "Yo soy un reportero más." Y sí, Gustavo siempre defendió el trabajo de su gente y de los reporteros que formábamos parte de su equipo, considero que también fui su crítico más fuerte. Muchas veces, cuando no había una razón lógica o justificable, me defendió de los ataques o quejas de artistas a los que no les gustaba alguna entrevista o nota, lo cual pocas veces sucedió en *La oreja*.

En Cadena 3 aprendí mucho, me di cuenta de hasta dónde podía llegar, pero quise buscar más y así llego la oportunidad de integrarme al equipo de *Venga la alegría*, el programa estelar de TV Azteca y matutino encabezado por Sergio Sepúlveda, quien era productor asociado. Aún recuerdo aquel miércoles cuando recibí la llamada de Sergio, apenas duró tres minutos, recuerdo la siguiente frase: "Ernesto, me gusta tu trabajo y te han recomendado mucho, quiero que te vengas para acá, ¿puedes?" Inmediatamente entre en shock, no podía creer que una personalidad como Sergio me integrara a su proyecto.

Tardé unos minutos en decidir, pero le dije que sí, aunque aún debía finiquitar mi relación laboral con Gustavo Adolfo que, yo presentía, no le gustaría mi decisión. Mi última entrevista en *No lo cuentes* fue con el entonces gobernador del Estado de México, Enrique Peña Nieto, quien estaba a días de casarse con Angélica Rivera. Una verdadera bomba en la fuente de espectáculos, esa entrevista me costó horas de asolearme, escabullirme y llegar hasta el gobernador que estaba bien custodiado, y de quien pude obtener las primeras declaraciones sobre su enlace con Angélica.

Esa entrevista estuvo acompañada de una renuncia, recuerdo cuando entré a la oficina de Gustavo Adolfo Infante, tenía un poco de temor porque además de llevarle la exclusiva –que todo mundo estaba buscando– le daría las gracias, vaya contrariedad, pero así fue. Le notifiqué mi decisión de aceptar la propuesta de TV Azteca y amablemente Gustavo me dijo que me fuera bien.

Mi trabajo en *Venga la alegría* además de darme más *caché* –como decimos los reporteros–, me dio grandes satisfacciones personales. Era un reto estar en el matutino número uno de la televisión mexicana en ese entonces, y ser parte de todo. Entre las exclusivas que logré durante casi cinco años, estuvieron las entrevistas con: Ashton Kutcher, justo cuando se estaba divorciando de Demi Moore; Justin Bieber, tras perseguirlo por días; Bono, de U2, el día de su cumpleaños; con Chayanne tras esconderme de su seguridad por horas; con Juan Gabriel, con quien pude incluso cenar después de entrevistarlo; la que más recuerdo es un seguimiento que le hice a Luis Miguel en el año 2012, y a quien pude captar junto a su hija antes que nadie, incluso obtuve una breve entrevista que casi me cuesta la chamba en TV Azteca.

Esa noche y tras esperar durante más de 20 horas en un helipuerto, pude captar al Sol de México, quien fue demandado por Araceli Arámbula, recuerdo que sólo sabía que Luis Miguel aterrizaría ahí, era todo con lo que podía contar, y así sucedió. Luis Miguel aterrizó, mi plan era seguir escondido hasta tenerlo a mi alcance; tal y como lo imaginé, sucedió: tenía enfrente al cantante más buscado y con una cámara de televisión, Luis Miguel me respondió tres preguntas, pero después de ingresar al lugar una ola de guarros y gente de seguridad comenzó a perseguirme a mí y a mi equipo, salimos del lugar huyendo estilo James Bond. Desafortunadamente esa noche empezaron los problemas: alguien importante vetó la entrevista e inició una investigación para averiguar quién había osado acercarse al Sol de México en un inmueble controlado por TV Azteca y la empresa Zignia.

Esa noche no dormí, porque horas después el productor del programa, Adrián Patiño, me llamo para decirme: "¿Qué hiciste cabrón?, dicen que violaste la seguridad y te metiste a la mala", y sí, me metí a la mala porque era la única forma de estar cerca de Luis Miguel. Casi me cuesta el trabajo, pero fue muy satisfactorio percatarse de que dentro de esa investigación, todo el mundo en TV Azteca sabía que yo fui el responsable, eso era importante para mí.

Mi estancia en *Venga la alegría*, fue de lo más divertido, ahí conocí a grandes personas del medio como Jessica Mendoza, Jorge Patiño, Chucho Cisneros, Rosa Abarca, Rossana Herrera, Ricardo Manjarrez, Gabriel Hernández, Rosa María Bautista y muchas más que aprecio y hoy en día forman parte de la columna vertebral y del éxito de los programas de espectáculos en la televisora del Ajusco.

Estar en TV Azteca, además de formarme en otra etapa de mi vida, me abrió las puertas de otros medios de comunicación. Gracias a los bombazos que sacaba a diario, pude integrarme al equipo de reporteros del diario *Basta!*, dirigido por Gilberto Barrera, reconocido periodista de espectáculos y uno de los más experimentados reporteros del medio.

Estar en *Basta!* fue un reto. Debo reconocer que al comienzo mis textos no eran lo mejor del momento, tenía muchas deficiencias gramaticales y los editores debían trabajar más, pero Gilberto siempre me brindó consejo y apoyo. *Basta!*, era considerado el diario más amarillista del espectáculo, las notas eran verdaderos trancazos, las portadas eran una joya, siempre había noticia ahí y yo era parte de ella. Lo recuerdo, mi acuerdo con ellos era mandar notas fuertes y nunca ir a la redacción, eso me facilitaba continuar trabajando en TV Azteca sin problema.

Lo que pensé que sería pasajero se convirtió, hasta hoy, en una de las experiencias más bonitas de mi vida: escribir en *Basta!* era divertido y más aún compartir con grandes reporteros como Jorge Nieto, Joel O'Farrilli, Sebastián Reséndiz y Daniela Reyes, cada uno de ellos iba "por todas las canicas", como decimos. Siempre tras la nota y bajo la batuta de Gilberto Barrera, a quien no sólo estimo como jefe, sino como persona.

Trabajar en *Basta!* y en *Venga la alegría* al mismo tiempo, me retó al máximo, tenía poco tiempo libre y sólo lo utilizaba para dormir, pero gracias a mi esfuerzo recibí algunos reconocimientos, que guardo con mucha emoción porque me pusieron a la altura de personas que siempre había admirado.

Todo lo que empieza tiene que terminar. Mi estancia en TV Azteca terminó de una forma poco grata, sólo comentaré que cuatro años y medio se esfumaron cuando dos policías me sacaron de la empresa, porque a alguien se le olvidó decirme que me habían despedido. Quizá en algún momento guardé rencor por cada gota de sudor que dediqué a mi trabajo, pero luego lo entendí, la televisión es así, da trancazos cuando menos lo esperas. Al día siguiente de este penoso hecho, hubo una disculpa, así entendí que en esta vida nada se debe tomar personal.

Justo cuando pensé que todo acababa, llegaron otras oportunidades, como estar en el equipo de *Suelta la sopa*, programa que se transmite en México y Estados Unidos a través de Telemundo. Mi estancia en la emisión duro poco más de un año y considero que fue lo suficiente, aprendí muchas de las cosas que uno no debe hacer–o quizá sí–, pero lo más importante de aquella experiencia fue darme cuenta de que debemos estar donde nos sintamos bien y en paz.

Hoy, tres años después, formo parte de la historia de uno de los programas matutinos más emblemáticos en la televisión mexicana: *Hoy*, un programa al que todo reportero, conductor, camarógrafo, colaborador y productor aspira. La verdad nunca imaginé llegar a *Hoy* –pero sí lo soñé–. Puedo decir que llegué a la punta de la pirámide. Televisa, pese a todo, es la cadena más importante de programas de habla hispana en el mundo, produce las mejores telenovelas y su talento es reconocido en todo el continente.

Estar en ese programa no sólo me permitió reencontrarme con mucha gente que conocí, también me dio la oportunidad de vivir experiencias únicas. Hoy mucha gente que conozco me dice: "Huy... ya eres famoso, sales en la tele" "¿Estás con

Galilea y Andrea?, ¿cómo son?" "¿Cómo le hiciste?" Escucho esas preguntas a diario de amigos, vecinos, conocidos y gente con la que convivo, pero detrás de todo eso está el trabajo de muchos años. *Hoy* me dio la oportunidad de hacer entrevistas que han marcado mi vida para siempre, desde estar un día en Cali, Colombia, hasta viajar más de 18 horas en avión a París; lugares que mucha gente sólo ve en la televisión y nunca imagina conocer.

Una de las cosas que más atesoro como reportero, fue la oportunidad de cubrir el terremoto del 19 de septiembre de 2017, un hecho histórico que volvió a cambiar el rumbo de México. Desde mi experiencia periodística, este acontecimiento cambió la vida de quienes lo cubrimos y estuvimos en el lugar del desastre. Lo que vimos no se puede describir con palabras, pero ver a tanta gente unida por el bien común es una experiencia única.

Como reportero, cubrir un hecho así, me permitió madurar en todos los sentidos, salí de mi zona de confort para volver a reinventarme. Informar hechos tan dolorosos me permitió sensibilizarme, ponerme en los zapatos de los demás. Me formó para comunicar con mayor responsabilidad.

La muerte de Juan Gabriel fue otro hecho que cambió mi punto de vista en muchos aspectos, quienes lo vivimos de cerca nunca olvidaremos cómo México se volcó por su ídolo. Los que conocimos a Juan Gabriel de cerca —pude entrevistarlo en mi casa—, sabemos que era una persona muy humana, cariñosa y dedicada por completo al público. Su muerte nos paralizó a todos, yo me ofrecí para la cobertura. Estuve más cerca que nadie, incluso de los protagonistas en esta historia que sigue dando de qué hablar.

Considero que aún me falta mucho por crecer en la carrera del periodismo de espectáculos, donde he recibido muchas satisfacciones. Actualmente me buscan de países como Colombia, Chile y Argentina, para realizar colaboraciones especiales en programas de espectáculos, y todo gracias a la gente que creyó en mí y me dio una oportunidad.

Me queda claro que lo único que necesita una persona es creer y hacer las cosas bien, lo demás llega solo. La base de todo siempre es creer, yo creo en mi trabajo y espero que los demás también confíen en sí mismos. Porque la vida siempre te recompensa, nunca es tarde para reinventarse y dar el paso hacia lo nuevo, eso que te pueda cambiar la vida, como a mí.

Ejercicio

¿Cuál ha sido el reto más importante en tu vida? ¿Cómo eras en la secundaria? ¿Te han despedido de forma horrible? ¿Cuántas veces has tenido que reinventarte? ¿Cómo lo harás?

La que tenía la vida perfecta y al hombre perfecto

Soy Kara Albaytero. Hace seis años tenía la vida que cualquiera sueña: una carrera en vías de culminar, un trabajo seguro, un apartamento delicadamente decorado, un bonito auto, una pareja estable con quien planeaba la vida: matrimonio, hijos, envejecer juntos. Tenía un futuro prometedor y mi vida era, en resumidas cuentas, buena. Eso espera cualquiera a los treinta y tantos, yo tenía veintitrés.

Y sí, como tantas otras cosas en la vida, aquello no funcionó. Quizá fue el destino o tan sólo, como les ocurre a muchos, me equivoqué. Descubrí que no quería casarme a los veintitrés –ni ahora–, que no quería tener hijos –y lo mantengo–, que aún no quería envejecer. Antes quería V I V I R, así con mayúsculas y a lo grande, pero justo en ese momento, no sabía cómo ni por dónde comenzar.

Después de todo, nadie nos enseña a vivir. Es un hecho que nuestros padres cumplen con la difícil tarea de encaminarnos desde pequeños, darnos bases, valores, educación, amor y comprensión, ellos asumen la responsabilidad de formarnos y prepararnos para la vida; cuando quizá ni ellos mismos han descubierto cómo vivirla. Pese a todo salimos al mundo, esperando lo mejor, tratando de prepararnos para lo peor, llenos de miedos e incertidumbres, atascados de sueños e ilusiones y aunque nos prepararon para una amplia gama de posibilidades, en realidad nunca estamos listos para rompernos.

No podemos mentir. Tarde o temprano llega el momento en el que aceptamos que nuestra vida no es la que esperábamos. Del mismo modo llega el momento en el que tomamos nuestra vida con decisión, así como dicen: "Al toro por los cuernos." Le damos un giro de 45 grados, de 90 grados, o más, de 180 grados. Porque cualquier giro es bueno, tenemos el derecho y nuestra vida nos pertenece.

Tal vez el momento más difícil, crudo y oscuro que hasta hoy he vivido fue cuando me decidí por el cambio. Un día amanecí y simplemente mi vida era otra, lo que antes daba por hecho ya no era, ni iba a ser, igual. No sabía qué hacer, pero algo se me ocurriría, siempre existe una alternativa. Muy inteligentemente lloré, porque llorar no está mal, necesitaba sacar todo lo que me había hecho daño y expresar mi dolor. Comí y a ratos dejé de comer, busqué a los míos y me topé con quienes no andaba buscando, un día curaba mis heridas y otro arrancaba las banditas. Los días pasaban, procuré tomar el control, pero la vida, siempre cambiante, me dominaba sin que pudiera evitarlo.

Dicen que la presión hace diamantes, pero yo me quebré, porque a mí no sólo me dominaron los días, fueron semanas que se hicieron meses y comencé a contabilizarlos en años. A veces el dolor se acentuaba y reavivaba heridas pasadas –yo tenía algunas–. Diario salía un nuevo monstruo debajo de la cama y lo tenía que combatir, y claro, además, trabajar, ir a juntas, comer con amigos, asistir a reuniones familiares… vivía porque así tenía que ser, la vida me exigía a gritos vivirla. Fue justo ahí cuando comencé a estudiar grafología, sí, en Grafocafé, pintoresco lugarcito en la calle de Galicia, Ciudad de México. Me sentía como en mi hogar, la grafología fue mi fuga y mi refugio: entre letras, espacios, contornos, hampas y jambas. Poco a poco y sin darme cuenta comencé a sanar las viejas y no tan viejas heridas, comencé a olvidar lo malo y recordar lo bueno, comencé a tener una rutina, dejé de llorar sin motivo, comía, dormía. Me sentía plena y aunque el sentimiento era minúsculo, comencé a vivir.

No vivo ni pienso como los demás. Siempre desafié a la vida, nunca fui lo que esperaban de mí, mi ritmo nunca fue socialmente aceptable. Quizá gracias a eso sobreviví a mi hecatombe, resurgí de entre los escombros, lentamente me fui armando, me reinventé. Y aunque hubo momentos en los que sufrí, lloré, quise huir y evadir la realidad, porque me lastimaba; también me divertí, canté en un karaoke –y nadie quedó sordo–, fui al cine sola –porque está bien y no pasa nada–, toque un tiburón y no me mordió; brinqué cascadas, hice rappel y rafting –y no me morí–, buceé y me sentí como la Sirenita, aprendí a manejar y descubrí la independencia. Fui y regresé, destruí y construí. Me volví a enamorar y tampoco me morí. Quién lo iba a decir, tratando de huir me encontré.

Hoy tengo treinta años. Resulta que la vida sigue avanzando, camina como siempre lo hace, sin pedir permiso a nadie. Aún no termino de ser quien quiero ser, aunque día a día trabajo en ello, no es fácil. Lo confieso, algunos días casi me rindo. Algunos seres amados se quedaron en el camino, ahora sé elegir a mis amistades. En ciertos momentos estoy bien, pero en otros, lloro incansablemente.

Ya cumplí uno que otro sueño y alcancé metas que no pensaba lograr. Volví a amar, porque siempre volvemos a amar. Viajé y volví, como dice Chavela Vargas: "A los viejos sitios donde amé la vida."

Mi labor cosechó sus recompensas. Hoy puedo reconocer mis constantes y mis cambios, mi reflejo en el espejo. Hoy sé que soy la que escribe en las manteletas de los restaurantes o en la esquina de una servilleta, soy la de los puntos suspensivos porque no me gustan los finales, la de letra grande y la pluma de tinta azul, la de las manos vacías y manchadas de tinta, soy la del pasado largo y extenso, que diseña y construye su futuro con los pies en el presente, la que habla con la luna y baila bajo la lluvia, la que ha vivido más y mejor de lo que pensaba, la de ojos grandes y llorosos, persistente, arrebatada, terca, y en constante metamorfosis.

Ejercicio

¿Alguna vez pensaste que lo tenías todo?, ¿te quedaste sin eso que considerabas tu todo?

¿Te atreves a vivir a tu manera? ¿Cómo? Tú tienes la respuesta.

Reinventarme siendo mamá

Soy Lizzie Aguirre. Reinventarse suena a una palabra un poco irreal, pero es ¡tan real! La vida te lleva a reinventarte y lo maravilloso es que en ese camino encuentras tú esencia, tu pasión, tus amores y entregas.

Trabajé durante muchos años en el mundo corporativo, en donde intercambié mi tiempo por dinero y aunque fui muy feliz, aprendí y maduré como profesional, no era lo que realmente quería de mi vida. Me educaron con la filosofía de estudiar, tener una carrera y trabajar en una buena empresa, y bueno, así lo hice, seguí uno a uno estos pasos. Tuve grandes logros, buenos puestos, crecimiento... pero no poseía mi libertad.

En mi mente siempre estuvo esa idea de libertad, así que a la par del trabajo busqué muchas maneras para salir de esa "esclavitud". En el camino me casé y encontré a una persona con la misma mentalidad, juntos buscábamos cómo tener otro tipo de vida, también queríamos ser papás y tener nuestra familia completa.

Aquí comenzó la magia. Desde el principio, en nuestros planes de vida estaba la adopción, pero necesitábamos cumplir ciertos requisitos, como tener mínimo tres años de casados. Así que esperamos y en el ínter intentamos de la manera natural, pero nuestro destino era diferente, porque después de varios intentos nunca logramos embarazarnos. A los tres años de casados comenzamos el proceso de adopción para cumplir nuestro sueño de ser padres.

Ahí empezó nuestra gran aventura. Durante un año y medio nos preparamos para la llegada de nuestro bebé, no sabíamos ni el día, ni la hora, ni la edad, ni el sexo, ¡nada! Simplemente sabíamos que llegaría algún día. Fue un proceso increíble en donde aprendimos mucho sobre paternidad, adopción y caridad. Además, encontramos a parejas y familias que buscaban lo mismo que nosotros, esas parejas se convirtieron en nuestra segunda familia: nuestra familia por elección, por destino, por amor. Disfruté tanto "mi embarazo" de 18 meses y en esa espera fue cuando cambiaron mis prioridades.

Decidí dejar de trabajar de sol a sol, porque en el momento en que llegaría mi bebé dejaría de trabajar para convertirme en mamá de tiempo completo y disfrutar lo mejor que Dios me estaría dando: un hijo.

Así fue, un 19 de marzo de 2013, por fin llegó esa tan esperada llamada. Sí, ya había llegado, pero ¡oh sorpresa! no era un bebe, ¡eran dos! Sí, dos, unos cuates de seis meses de edad. Puedo decir que el mejor día de mi vida fue cuando los tuve en mis brazos, ahí conocí el verdadero amor, ese amor incondicional, mágico e infinito.

Bueno, ahora tenía bajo mi responsabilidad a dos personas que me escogieron en algún momento, que decidieron darme el honor de ser su mamá, así que debía entregarlo ¡todo! Y como se pueden imaginar renuncié de inmediato a mi trabajo.

Como muchas mujeres seguramente pensarán y sentirán: es increíble la maternidad, pero, y la vida profesional y personal ¿dónde queda? Es una disyuntiva difícil, por eso me di a la tarea de buscar opciones para tener las dos cosas, y hoy les puedo decir: ¡sí se puede! La clave es tener claras tus prioridades, no desistir hasta encontrar el balance. Hoy, después de varias pruebas e intentos encontré algo que me permite ser mamá de tiempo completo, desarrollarme como profesional y ser libre financieramente.

¿Qué hice para lograrlo? REINVENTARME, sí, reinventarme. Nos enseñan a creer que si estudiamos una carrera, a eso nos tenemos que dedicar, y no, ahí no están las oportunidades. Yo estudié una carrera, una maestría y desde hace dos años comencé a estudiar otra vez, eso me permitió ser mamá de tiempo completo, sin duda el camino fue difícil, pero valió la pena, ¡por supuesto!

Hoy encontré un área de estudio y una carrera que me apasiona, construí un negocio propio en donde puedo manejar mis horarios, mis tiempos y sobre todo involucrar a mis hijos, ellos son parte de la nómina —y vaya que cuestan—. Les enseño la cultura del trabajo y del emprendimiento, que pueden lograr todo lo que se propongan. Mis clientes saben que soy mamá de tiempo completo, mis hijos son parte y prioridad. Creo que lo entienden y hasta lo admiran, me doy a la tarea de cambiar un poco el paradigma de la vida profesional en donde la familia no se involucra. Hoy mis hijos participan, me dan ideas, me acompañan muchas veces a ver a mis clientes, están conmigo en las videollamadas y aunque al principio pensé que sería contraproducente, es todo lo contrario, mi negocio va creciendo. Incluso soy una fuente de trabajo para otros, eso me enorgullece muchísimo.

Conocí personas increíbles en este camino, ellas me impulsan a seguir adelante, como Mary Fer, ella me enseñó a conocerme, a que siempre debemos seguir aprendiendo —quisiera leer tanto como ella—, a que el límite lo tienes tú, y como bien me dijo un día: "Rendirse no es opción."

Me encantaría que este relato les llegara a esas mujeres conflictuadas entre la vida familiar y la profesional, a esas mujeres que aún no logran su sueño de convertirse en mamá. A esas mujeres les digo dos cosas.

Primero: la adopción es mágica y posible, no existen diferencias en cuanto a sentimientos frente a los hijos entre una mamá biológica y una por adopción, se ama igual y a veces pienso que hasta más.

Y lo segundo: mujer, establece tus prioridades, esas donde tú seas feliz, si quieres ser mamá y profesional, se puede, si quieres viajar se puede. Puedes ser todo lo que tú quieras solamente nunca dejes de reinventarte.

Ejercicio

¿Qué momento de tu vida te sorprendió? ¿Qué piensas de la maternidad? ¿Adoptarías? ¿Te cambió la vida ser madre o padre?

Mi reinvención: amar a mi cuerpo

Perdona tu cuerpo,
ama tu cuerpo,
disfruta lo que tengas,
y ríete, ríete...

Fue maravilloso escribir estas líneas haciendo el recorrido de mi vida, porque tuve que desnudarme para darme cuenta de que mi vulnerabilidad también es mi fuerza.

Lo sé, al principio estaba sumamente mal, deprimida, triste, enojada e insegura. Lo que pasa es que no sabemos, ni podemos, controlarlo todo: simplemente no podemos con todo. Soy Mary Fer Centeno y así como he tenido que enumerar mis miedos para darme cuenta de que, así como los hice, también sé que puedo destruirlos.

Llevo años peleando con mi cuerpo: odiaba mis caderas, porque son tan grandes y mis pechos tan pequeños, porque no soy larga y alta como las demás. ¿Por qué soy tan rara? ¿Por qué odio las fiestas y no se me antojan ni el alcohol ni las drogas?

Yo creo que me enamoré de Carlos a primera vista, diría Ismael Serrano: "¿Acaso existen otros?" De otra manera jamás me habría casado. Me parece mágico despertar cada día y perderme en sus ojos azules. Abrazar a Yorkie y escucharlo bajar las escaleras. Amo leer y amo escribir, siento que mi cerebro se pone de color naranja.

¿Me reinventé? Sí, me reinventé contigo. Recorrimos este camino juntos.

No me quiero criticar, no me quiero comparar, ¡ya no! Yo soy única, al igual que tú, y bendito sea Dios que soy muy rara, igual que mi cuerpo, mi cadera, mi cintura, mis ojos y mi nariz.

Sí, yo soy esa a la que molestaban en la secundaria y llegaba llorando todos los días, pero también soy esa autora bestseller y empresaria. Soy esposa y la mamá de Yorkie. La hija de Miguel Ángel y María del Carmen. Hermana de Miguel Ángel, Jorge Alfonso y Montserrat. Tengo una madrastra que me quiere y yo a ella. Tengo un horno en mi cocina donde preparo mis pasteles y un espacio para mi arbolito de navidad. Soy apasionada y a veces muy salvaje —a él le gustan mis pompis y a mí también—.

Visualízate

Si fueras un extraño y te encontraras a tu Yo de cinco años en una cafetería, ¿qué le dirías?

Yo me diría: "No te preocupes, sé buena persona, eso siempre funciona." Abrazaría muy fuerte a esa niña cachetona, le diría que es muy bonita y que no le importe la opinión de los demás.

Dibuja tu cuerpo y después escribe:

- Amo mi cabeza.
- Amo mi cuello.
- Amo mis pechos.
- Amo mi cintura.
- Amo mis brazos.
- Amo mi ombligo.
- Amo mis genitales.
- Amo mi cadera.
- Amo mis muslos.
- Amo mis piernas.
- Amo mis pies.
- Amo mi piel.
- Amo mi cerebro.
- Amo mi corazón.

Ahora escribe por qué amas cada parte de tu cuerpo. Tócate como nadie te ha tocado: con infinito amor.

Escribe cinco momentos de tu vida en donde te reíste mucho:

MOMENTO 1

_____

_____

_____

_____

MOMENTO 2

_____

_____

_____

_____

_____

MOMENTO 3

_____

_____

_____

_____

_____

MOMENTO 4

_____

_____

_____

_____

MOMENTO 5

_____

_____

_____

_____

¿Cómo te ves en diez años?

Dibuja tu casa ideal, ¿cómo es?, ¿qué tiene?, ¿cuántas recamaras?, ¿cuántas teles?, ¿con estacionamiento?, ¿cómo es la sala?, ¿cómo es la cocina?

Escribe tus metas y la estrategia para lograrlas. Usa tinta dorada.

_____

_____

_____

_____

_____

_____

_____

"Yo espero en Dios tener rentas para vivir. Ayudando e informando. Con nuevas plataformas, muchos libros y un horno de leña, despertando con Carlos y Yorkie, aunque Yorkie ya será un viejito, mi marido se verá guapísimo a los 40 —siempre he querido andar con un cuarentón—."

PALABRAS FINALES

Decidí escribir mis nuevos mandamientos. No es que los otros estén mal o no los vaya a cumplir, pero son mis propios mandamientos:

1. No me voy a criticar.
2. No me voy a comparar.
3. Me voy a reír mucho.
4. Me amaré apasionadamente.
5. Cuidaré y amaré mi cuerpo.
6. Ayudaré a toda la gente que pueda.
7. Daré siempre lo mejor de mí.
8. No me preocuparé por cosas imaginarias.
9. Bailaré y cantaré todos los días en la regadera.
10. Pasaré tiempo con todos los seres que amo.

¿Cuáles son los tuyos?
Yo los pondré en la pantalla de mi celular.

Cuando tomes decisiones, piensa si van de acuerdo con tus valores y principios, date gusto a ti y no a los demás y, por favor, no te preocupes por tonterías.

Agradece quién eres y lo que tienes –escribe una lista–. Baila, cuéntate un chiste, piensa en tu canción favorita, sal a gozar la vida, y como dice mi abuelo: "Sé descaradamente feliz."

Así acaba este libro para empezar algo más, porque sí, lo mejor está por venir.

Gracias por acompañarme en este proceso, sin ti no me habría reinventado, ama cada parte de ti, cada parte de tu universo, cada risa, y cada llanto, sin ellos no estaríamos juntos, gracias por todo tu tiempo y todo tu amor.

Gracias por caminar este tiempo juntos, eso nos hace hermanos.

Te amo.
Mary Fer.

Twitter @grafocafe
Facebook maryfercentenom
Instagram maryfer_centeno